国家示范性中职院校工学结合一体化课程改革教材

Qiche Jiance yu Weixiu Jishu

汽车检测与维修技术

（初级学习领域二）

广西交通技师学院　　　组织编审

刘小强　黄　磊　　主　　编

冯学银　　副 主 编

李贵发　　主　　审

人民交通出版社股份有限公司
China Communications Press Co.,Ltd.

内　容　提　要

　　本书是国家示范性中职院校工学结合一体化课程改革教材，是按照"以工作过程为导向、以项目建设为载体"的教学模式，由广西交通技师学院组织本院专业教师编写而成的重点建设专业课程教材。本书知识点清晰，内容编排新颖，图文并茂，直观性强，通俗易懂。

　　本书内容包括：更换三滤、机油、冷却液，检查更换散热器、水泵、节温器，检查更换火花塞、高压线、测量汽缸压力，发动机传动带的检查及更换，发动机润滑油路及燃油系统的清洗、喷油器的免拆清洗，柴油泵的检修，驻车制动器的检查与调整，更换制动系统油液，转向系统转向器拆装检修，检查更换防护套、转向横拉杆球头，主减速器的检修，蓄电池的维护，汽车起动系统，汽车充电系统，共计14个学习项目。

　　本书供中等职业院校汽车类专业师生教学使用，亦可供汽车维修行业相关技术人员学习参考。

图书在版编目（CIP）数据

　　汽车检测与维修技术：初级学习领域.2／刘小强，黄磊
主编.—北京：人民交通出版社股份有限公司，2015.1
　　国家示范性中职院校工学结合一体化课程改革教材
　　ISBN 978-7-114-11766-4

　　Ⅰ.①汽…　Ⅱ.①刘…②黄…　Ⅲ.①汽车－故障检测－中等
专业学校－教材②汽车－车辆修理－中等专业学校－教材
Ⅳ.①U472

　　中国版本图书馆CIP数据核字（2014）第230006号

国家示范性中职院校工学结合一体化课程改革教材

书　　　名：	汽车检测与维修技术（初级学习领域二）
著 作 者：	刘小强　黄　磊
责 任 编 辑：	闫东坡
出 版 发 行：	人民交通出版社股份有限公司
地　　　址：	（100011）北京市朝阳区安定门外外馆斜街3号
网　　　址：	http://www.ccpress.com.cn
销 售 电 话：	（010）59757973
总 经 销：	人民交通出版社股份有限公司发行部
经　　　销：	各地新华书店
印　　　刷：	北京市密东印刷有限公司
开　　　本：	787×1092　1/16
印　　　张：	9.25
字　　　数：	196千
版　　　次：	2015年1月　第1版
印　　　次：	2020年1月　第4次印刷
书　　　号：	ISBN 978-7-114-11766-4
定　　　价：	21.00元

（有印刷、装订质量问题的图书由本公司负责调换）

国家示范性中职院校工学结合一体化
课程改革教材编审委员会

主 任 委 员：罗　华　　钟修仁

副主任委员：陆天云　　关菲明　　张健生　　蒋　斌　　谭劲涛

郑超文　　赖　强　　张　兵

委　　　员：樊海林　　封桂炎　　吴　红　　李　毅　　廖雄辉

杨　波　　刘江华　　梁　源　　陆　佳　　赖昭民

黄世叶　　潘敏春　　黄良奔　　梁振华　　周茂杰

韦军新　　陆向华　　谢毅松

丛 书 主 编：樊海林

丛 书 主 审：周茂杰

本 书 主 编：刘小强　　黄　磊

本书副主编：冯学银

本 书 主 审：李贵发

前　言

随着我国汽车产业的迅速发展,汽车保有量快速攀升,汽车后市场空前繁荣,汽车维修行业面临机遇和挑战。目前,汽车维修行业专业人才紧缺现象日益突出,从业人员文化水平、业务知识、操作技能、环保意识、道德素养等方面亟待提高,迫切需要加强学习能力培养和职业技能训练。为此,广西交通技师学院在国家级中等职业教育改革发展示范学校建设过程中,依托校企合作、工学结合,根据汽车检测与维修、汽车钣金技术、汽车营销、物流管理四个重点建设专业培养方案,组织编写了这套国家示范性中职院校工学结合一体化课程改革教材。

本套教材由广西交通技师学院组织,通过校企合作的形式编写,是学校与保时捷、丰田、大众、现代等汽车公司以及北京史宾尼斯机电设备有限公司、北京运华天地科技有限公司深度校企合作成果的展示。在教材编写过程中,充分调研市场,认真总结课程改革与专业教学经验,按照"工学结合四对接"(学习过程对接工作过程、专业课程对接工作任务、课程内容对接岗位标准、顶岗实习对接就业岗位)的人才培养机制,以及"产训结合,能力递进"的人才培养模式;基于学校专业人才培养方案、教学过程监控与考核评价体系,兼顾企业典型工作项目、技术培训内容,贯穿企业"7S"(整理、整顿、清扫、清洁、素养、安全和节约)管理模式;从汽车维修企业岗位需求出发,相应组织和调整教材内容,力争体现汽车专业新知识、新技术、新工艺及新方法,满足培养学生成为"与企业零接轨、能力持续发展的高技能人才"的教学需要。

本套教材是广西交通技师学院重点建设专业课程改革教材,共计4个子系列、13种教材,包含了汽车检测与维修专业7种教材:《汽车检测与维修技术(初级学习领域一)》、《汽车检测与维修技术(初级学习领域二)》、《汽车检测与维修技术(中级学习领域一)》、《汽车检测与维修技术(中级学习领域二)》、《汽车检测与维修技术(高级学习领域一)》、《汽车检测与维修技术(高级学习领域二)》、《汽车电学基础》,汽车钣金技术专业2种教材:《汽车车身修复基础》、《汽车车身修复技术》,汽车营销专业2种教材:《二手车销售实务》、《汽车商务口语》,物流管理专业2种教材:《仓储与配送》、《交通运输实务管理》。教材内容编排新颖,知识点清晰,图文并茂,直观性强,通俗易懂。这些教材分则独立成卷,合则融为整体,主要供中等职业院校汽车类专业教学使用,也可供汽车维修行业相关技术人员学习参考用。

本书是《汽车检测与维修技术(初级学习领域二)》,由广西交通技师学院汽车检测与维修专业教师编写,其中:兰杨编写学习项目1,李爱萍编写学习项目2、学习项目4,李建侨编写学习项目3,何文军编写学习项目5,农祖军编写学习项目6,覃爱院编写学习项目 7,黄磊编写学习项目 8,李贵发编写学习项目 9、学习项目 10,赖玉洪编写学习项目 11、林坤编写学习项目 12、学习项目 13,姚壮编写学习项目 14,全书由刘小强、黄磊担任主编,冯学银担任副主编,李贵发担任主审。

本套教材编写还得到了中国汽车工程学会汽车运用与服务分会、南宁市汽车维修企业以及其他兄弟院校的支持与帮助,在此致以诚挚的谢意! 由于时间仓促,加之我们的经验和学识方面的欠缺,书中难免存在着诸多不足之处,恳请从事职业教育理论研究和汽车相关专业教学的各位同仁不吝赐教、代为斧正,我们期待着你们对我们不懈追求的支持,也诚望大家批评和指正。

教材编审委员会
2014 年 9 月

目 录

学习项目 1　更换三滤、机油、冷却液

情景描述

一辆比亚迪 F3 轿车送修,行驶里程 20000km,车主反映车辆出现冷却液温度过高,机油报警灯亮的情况,经检查,发现机油滤清器、空气滤清器、汽油滤清器严重脏堵,冷却液缺少,现需要维修技工根据维修手册相关要求,在规定时间清洁三滤和更换冷却液,自检完成后交付验收。

学习目标

★ 知识目标

1. 知道机油、机油滤清器、空气滤清器、汽油滤清器的作用和类型;

2. 知道如何辨别和选择合适的机油;

3. 知道冷却液的作用、类型。

★ 技能目标

1. 会使用专用拆装工具;

2. 能按维修手册要求规范更换三滤、机油、冷却液。

学习内容

1. 机油、机油滤清器、空气滤清器、汽油滤清器的作用和类型;

2. 冷却液的作用、类型;

3. 按技术要求完成三滤、机油、冷却液的就车更换。

建议课时

8 课时

学习任务　更换三滤、机油、冷却液

学习过程

一、任务描述

该项目要求了解机油滤清器、空气滤清器、汽油滤清器、冷却液的作用和类型,能按照维修手册规范,安全地进行检查和更换作业。

二、资料收集

1. 机油概述

发动机工作时,相对运动零件的摩擦表面需要均匀覆盖一层清洁的机油油膜,以减小摩擦阻力,减轻机件磨损,降低功率消耗,使发动机正常工作。如果机油已达到规定使用里程(时间)、已变质或变脏,其润滑、冷却、清洗、辅助密封等作用将会降低或丧失。机油应按规定时间或行驶里程更换,否则将加剧机件磨损,缩短发动机使用寿命。

2. 机油的功用

(1)润滑。

(2)冷却。

(3)清洗。

(4)密封。

(5)防锈。

3. 机油的类型和等级划分

(1)机油分为汽油机油和柴油机油两种类型。

(2)机油的级别有两种划分方法:即 API 品质等级(根据机油的品质性能)和 SAE 黏度等级(根据机油的黏度)。

①机油指数之一:级别。

机油的分类适用于汽油机的有:SA 级、SB 级、SC 级、SD 级、SE 级、SF 级、SG 级、SH 级、SJ 级,后一个英文字母越往后,档次越高,质量越好。适用于柴油发动机的有:CA 级、CB 级、CC 级、CD 级、CE 级、CF 级、CF.4 级、CG.4 级、CH.4 级,后一个英文字母越往后,其档次越高质量越好。一般在随车的说明书上,都会写清该产品推荐使用机油的级别。一般的 4S 店也会根据不同车型选择符合厂家标准的机油。如果车辆的说明书上写明,推荐 SF 级机油,那么一定要选择 SF 或 SF 以上级别的机油。

②机油指数之二:黏度指标。

机油黏度指标一般用"W"来表示。目前家庭轿车用户主要选择的是多级机油。常见的多级机油适用温度如下,消费者可以根据自己用车地的情况选择适合的多级机油,如表 1-1 所示。

对应黏度的适应温度范围　　　　　　　　　　　　表 1-1

黏 度 级 号	适用气温范围(℃)	黏 度 级 号	适用气温范围(℃)
5W/20	−45～20	15W/40	−25～40
10W/30	−30～30	20W/30	−20～30
10W/40	−30～40	20W/40	−20～40
15W/30	−25～30		

　　除了上面提到的普通机油,在市场上,我们还经常可以看到半合成机油和全合成机油。这两种机油也有上面提到的机油级别和黏度指标分类,且一般半合成机油和全合成机油的指标都会比普通机油高一些。

　　4.机油好坏简易鉴别法

　　(1)观察法。取曲轴箱中的机油少许放于容器内,慢慢倾倒,边倒边观察其流动情况,如油流细长、均匀、有光泽,表明油中无胶结杂质,尚能继续使用;若油流断续且粗细不匀、混浊发黑,则应更换。

　　(2)擦研法。从柴油机曲轴箱中取少许机油,用手指擦研,如手感有机械杂质或黏度太差,则应更换。

　　(3)蒸发法。取一个厚铜片置于明火上加热几分钟,然后取机油试样少许,滴于热铜片上,如果机油一滴在铜片上就发泡飞溅,说明机油内含水较多;若机油滴在铜片上没有飞溅,而立即发出爆裂声,则说明机油内含有少量水,响声越强,则含水量就越多。

　　5.机油滤清器概述

　　机油滤清器可去除机油中的灰尘、金属颗粒、碳沉淀物和煤烟颗粒等杂质,保护发动机,如图 1-1 所示。如果机油滤清器已达到规定使用里程或时间,其滤清能力下降,机油中的杂质便会进入相对运动零件间隙中。因此,机油滤清器应按规定时间或行驶里程更换,否则,将加剧机件磨损,缩短发动机使用寿命。

图 1-1　机油滤清器

　　机油及机油滤清器的更换周期要依据汽车维修手册及具体的使用环境而定,一般为 5000km 或半年。

　　6.冷却液概述

　　发动机冷却液实际上是水与防冻液的混合液。在海平面上,水的沸点是 100℃,冰点是 0℃,含 66% 防冻液和 33% 水的混合液的沸点升高到 113℃,冰点降低到 −69℃。一般推荐使用含水和防冻液各为 50% 的混合液。

　　最常使用的防冻液是二醇基乙烯,这种防冻液为绿色,在各种气候条件下都能提供很好的防冻效果,但是有毒。也可使用其他的安全防冻液,如磷酸乙二醇基乙烯、有机酸防冻液混合有机酸或硅树脂,颜色是橘红色,如图1-2所示。

图1-2 防冻液

不论冷却液的成分如何以及使用何种防冻液,冷却系统里都会产生铁锈和水垢,在水套壁上的沉积物总会影响发动机的冷却效果。发动机温度变化将导致零部件膨胀和收缩,会使一些沉积物脱落并悬浮在冷却液中,污染冷却液,沉积物还会在狭窄通道处聚集,使通道更为狭窄,形成节流,又会进一步降低冷却系统的效果。因此,每隔一两年,就应该更换发动机的冷却液,并清洗冷却系统。

7. 空气滤清器概述

发动机在工作过程中要吸进大量的空气,如果空气不经过滤清器过滤,空气中悬浮的尘埃将被吸入汽缸中,就会加速活塞组及汽缸的磨损。较大的颗粒进入活塞与汽缸之间,会造成严重的"拉缸"现象,这在干燥多沙的工作环境中尤为严重。空气滤清器装在化油器或进气管的前方起到滤除空气中灰尘、砂粒的作用,保证汽缸中进入足量、清洁的空气。

空气滤清器一般有纸质和油浴式两种。近年来,由于纸质滤清器具有滤清效率高、质量轻、成本低、维护方便等优点,已被广泛采用。纸质滤芯的滤清效率高达99.5%以上,油浴式滤清器的滤清效率在正常的情况下滤清效率为95%～96%。目前轿车上广泛使用的空气滤清器是纸质滤清器,如图1-3所示。

图1-3 纸质空气滤清器

空气滤清器的更换周期要依据汽车维修手册及具体的使用环境而定,一般为5000km或半年清洁,10000km或一年更换。

8.汽油滤清器概述

汽油滤清器串联在供油管路上,有些车型将汽油滤清器安装在油箱内。当发动机工作时,将汽油中的杂质滤除,保证洁净的汽油进入汽缸中燃烧,提高燃料燃烧质量,减轻机件磨损。另外,可有效防止喷油器堵塞。

大多汽油滤清器用多孔陶瓷或微孔滤纸制造。陶瓷滤芯可重复使用,但不易清洗干净;纸质滤芯滤清效果好,制造成本低,仅作一次性使用,如图1-4所示。纸质汽油滤清器在现代汽车上应用上最为广泛。

汽油滤清器的更换周期要依据汽车维修手册及具体的使用环境而定,一般为10000km或1年。

图1-4　纸质汽油滤清器

三、任务准备

1.所需的工量具及材料

设备:举升机。

工量具:快速扳手、10mm、18mm套筒、比亚迪F3轿车及维修手册。

材料:机油回收桶、油盘、转向盘护套、变速杆手柄套、脚垫和座位套。

2.检查更换机油、机油滤清器的操作流程

旋出机油加注口盖→举升车辆→旋出放油塞→待机油排完后拧紧放油塞→拆卸旧机油滤清器→安装新机油滤清器→降下车辆→加注机油→拧紧机油加注口盖→热车→检查机油量→举升车辆检查放油塞是否有泄漏→冷车再次检查机油量。

3.检查更换空气滤清器的操作流程

打开压紧卡扣→取出空气滤清器→清洁滤清器壳体→安装空气滤清器→扣上压紧卡扣。

4.检查更换汽油滤清器的操作流程

举升车辆→拆下汽油滤清器→按照箭头方向安装汽油滤清器→降下车辆→热车检查。

5.检查更换冷却液的操作流程

拆开散热器盖→举升车辆→旋开放水开关→待冷却液放排完后拧上放水开关→降下车辆→加注冷却液→盖上散热器盖→热车检查。

四、实施步骤

1.检查更换机油、机油滤清器

检查更换机油、机油滤清器的步骤如表1-2所示。

检查更换机油、机油滤清器　　　　　　表1-2

(1)维修前准备:实施5S管理,做好维修工具及耗品准备	(2)将车辆停驻在举升机平台中间位置,拉紧驻车制动器,将变速器置于空挡位置。打开发动机舱盖,安装翼子板布和前格栅栏保护罩。拧下机油加注口盖并用干净的清洁抹布盖住加注口

（3）安全规范操纵举升机,将车辆举升到目标高度,确定车辆可靠停驻后,方可进入车下作业	（4）检查曲轴前、后油封、放油塞、油底壳衬垫等处是否有机油泄漏现象,油底壳是否存在变形现象。将机油回收桶,置于发动机油底壳放油塞的正下方
（5）使用18mm套筒、拧松放油塞 	（6）用手缓缓旋出放油塞,确定螺纹已全部旋出后,快速移开放油塞,让机油流入回收桶内
（7）检查放油塞垫片是否损坏,如断裂要更换新垫片,当油底壳的排油孔不再滴油时,用手旋入放油塞 	（8）使用18mm套筒,以规定的拧紧力矩拧紧放油塞。拧紧力矩:39 ± 5N·m。并用棉纱擦净放油塞和油底壳上的油迹
（9）使用机油滤清器扳手和快速扳手旋松机油滤清器,再用手旋下滤清器并放入废件回收桶中 	（10）在新的机油滤清器的密封圈上均匀涂抹一薄层机油

(11)用手竖直举起滤清器,将滤清器旋入其座上并用力拧紧。使用机油滤清器扳手和快速扳手转动滤清器3/4圈将其紧固 	(12)用棉纱擦净滤清器及其座上的机油。操纵举升机,将车辆平稳降落到地面上
(13)旋下机油加油塞,当加注量接近机油桶容量(4L)的3/4时停止加注 	(14)加注机油3min后,拔出机油标尺,擦净刻度尺的油液,将其插入机油标尺套管内,再次拔出,检查机油标尺,油液应位于下刻度线中间偏上的位置

2.热车检验

打开点火开关,起动发动机并保持运转3～5min之后,关闭点火开关,拔出机油标尺,擦净刻度尺的机油,然后将其插回套筒内,确定插入到位后,再次拔出机油标尺,观察油底壳中的油面在刻度显示的位置。如果油面显示于标尺的上下极限刻度线的中间偏上位置,为正常;偏下,则添加适量机油;高于上刻度线,应放出适量机油。操纵举升机,将车辆举升到适当高度。检查放油塞、机油滤清器等处是否漏油。操纵举升机将车辆平稳降落到地面上,关闭发动机舱,实施5S管理规程。

3.检查更换空气滤清器

检查更换空气滤清器步骤如表1-3所示。

检查更换空气滤清器步骤   表1-3

(1)任务前准备:实施5S管理,准备更换工具和新的空气滤清器	(2)将车辆安全停放在维修工位,拉紧驻车制动器,安装防护挡件
(3)用手打开空气滤清器盖上的2个压紧卡箍	(4)打开滤清器盖,轻轻取出空气滤清器芯
(5)检查滤清器壳体是否有裂纹、变形和破损。将新的空气滤清器芯安放在滤清器壳下体的承座上(注意滤清器安装时的朝向)	(6)盖上滤清器盖,按下压紧卡箍,将滤清器盖压紧在下体上

4.检查更换汽油滤清器

检查更换汽油滤清器步骤如表1-4所示。

检查更换汽油滤清器步骤   表1-4

(1)任务前准备:实施5S管理,准备好更换工具及新的汽油滤清器。将车辆停驻在举升机平台中间位置。拉紧驻车制动器,变速器置于空挡。安装车辆防护挡件	(2)操纵举升机,将车辆举升到目标高度,确认车辆可靠停驻后,方可进入车辆下作业。用10mm的套筒拆除固定螺栓

续上表

（3）一手按住滤清器及其支架防止滤清器转动，一手按住卡扣，并用力转动油管向外拉，直到油管脱出取出汽油滤清器及支架 	（4）确认滤清器在支架内的安装位置和方向后，双手拇指通过支架上的观察孔按压滤清器，双手的四指握紧支架外壳，用力将滤清器推出
（5）确认汽油滤清器壳上的箭头方向与燃油供给系统要求一致后，将新的滤清器用手压入支架的塑料夹具内 	（6）将油管对准滤清器的接口，上下摆动油管的同时施加压力，使油管伸入到汽油滤清器位置，把 10mm 的螺栓固定在汽油滤清器上并拧紧

5. 热车检验

起动发动机，操纵举升机，将车辆举升到适当高度。检查汽油滤清器的进、出油管是否存在燃油泄漏。有泄漏，检修；无泄漏，则正常。

6. 检查更换冷却液

检查更换冷却液步骤如表 1-5 所示。

检查更换冷却液步骤　　　　　　　　表 1-5

（1）任务前准备：实施 5S 管理，准备好更换工具和新的冷却液。将车辆停驻在举升机平台中间位置。拉紧驻车制动器，变速器置空挡位置。打开并支撑发动机机舱盖，粘贴翼子板和前格栅栅保护罩	（2）检查冷却系统的软管是否有鼓包、裂纹和接口泄漏，散热器、暖风水箱、水泵、膨胀箱、汽缸垫、汽缸体和汽缸盖是否损坏泄漏

续上表

（3）打开散热器盖	（4）操纵举升机，将车辆举升到目标高度，确定车辆可靠停驻后，方可进入车下作业。用手把放水开关旋开，接好冷却液
（5）拆下发动机右下护板，把冷却液放干净后，再把放水开关锁紧	（6）操纵举升机，将车辆平稳降落到地面上。旋开冷却液桶盖，将冷却液倒入，加满为止
（7）加注副水箱，加至 MAX～MIN 刻度线之间	

7. 热车检验

起动发动机等到节温器打开，再用抹布缓缓地打开散热器盖，看是否有冷却液溢出，如有，说明冷却系统已排完空气；如没有，继续加入冷却液，加满为止。关闭点火开关，停止发动机运转，观察冷却液是否在副水箱刻度线的适当位置。

五、任务检验

起动汽车，操纵举升机，将车辆举升到适当高度，检查汽油滤清器的进、出油管是否

— 10 —

存在燃油泄漏;起动发动机并保持运转 3~5min 之后降下车辆,关闭点火开关,拔出机油标尺,观察油面刻度显示的位置;用抹布缓缓地打开散热器盖,看是否有冷却液溢出,如有,说明冷却系统空气已排完;如没有,继续加入冷却液,加满为止。

六、评价与反馈

对本学习任务进行评价,如表 1-6~表 1-9 所示。

更换机油及机油滤清器　　　　　　　　　　　　　　表 1-6

班级:　　　　　　　组别:　　　　　　　姓名:

考 核 标 准 表					
考核时间	序号	考 核 项 目	配分	评 分 标 准	得分
30min	1	作业前整理工位	3	酌情扣分	
	2	打开并支撑发动机舱盖	2	操作不当扣 2 分	
	3	安装汽车保护罩	2	酌情扣分	
	4	检查变速器是否位于空挡或 P 挡	4	操作不当扣 4 分	
	5	检查驻车制动器是否工作	3	操作不当扣 3 分	
	6	起动车辆时,挡位检查	5	操作不当扣 5 分	
	7	起动车辆时,观察周围情况	4	操作不当扣 4 分	
	8	报告发动机的预热温度	5	操作不当扣 5 分	
	9	放油前机油泄漏检查	4	检查不当扣 4 分	
	10	查找车辆的支撑点	4	操作不当扣 4 分	
	11	车辆的举升中停驻	3	操作不当扣 3 分	
	12	放置机油回收桶	5	操作不当扣 5 分	
	13	拆下机油排旋塞	7	操作不当扣 7 分	
	14	检查机油排放塞的密封垫圈	6	操作不当扣 6 分	
	15	拆卸机油滤清器	10	操作不当扣 10 分	
	16	安装机油滤清器	9	操作不当扣 9 分	
	17	查看车辆的变形情况	3	检查不当扣 3 分	
	18	清洁机油加注口	5	操作不当扣 5 分	
	19	加注机油	6	操作不当扣 6 分	
	20	发动机存油量的检查	6	检查不当扣 6 分	
	21	发动机运转后的存油量的检查	4	检查不当扣 4 分	
	22	遵守相关安全规范,因违规操作造成人身和设备事故的,总分按 0 分处理			
分数合计					

更换空气滤清器　　　　　　　　　　　　　　　　　　　　　　　表 1-7

班级：　　　　　　　　　　　组别：　　　　　　　　　　　姓名：

<table>
<tr><td colspan="6" align="center">考 核 标 准 表</td></tr>
<tr><td>考核时间</td><td>序号</td><td>考核项目</td><td>配分</td><td>评分标准</td><td>得分</td></tr>
<tr><td rowspan="14">8min</td><td>1</td><td>作业前整理工位</td><td>5</td><td>酌情扣分</td><td></td></tr>
<tr><td>2</td><td>打开并支撑发动机舱盖</td><td>3</td><td>操作不当扣 3 分</td><td></td></tr>
<tr><td>3</td><td>安装汽车保护罩</td><td>5</td><td>酌情扣分</td><td></td></tr>
<tr><td>4</td><td>检查变速器是否位于空挡或 P 挡</td><td>5</td><td>操作不当扣 5 分</td><td></td></tr>
<tr><td>5</td><td>松开滤清器盖的压紧卡箍</td><td>7</td><td>操作不当扣 7 分</td><td></td></tr>
<tr><td>6</td><td>清洁空气滤、清器室</td><td>10</td><td>操作不当扣 10 分</td><td></td></tr>
<tr><td>7</td><td>检查滤清器壳是否有裂纹和损伤</td><td>7</td><td>检查不当扣 7 分</td><td></td></tr>
<tr><td>8</td><td>检查压紧卡箍</td><td>7</td><td>检查不当扣 7 分</td><td></td></tr>
<tr><td>9</td><td>检查进气管有无裂纹、损伤</td><td>8</td><td>检查不当扣 8 分</td><td></td></tr>
<tr><td>10</td><td>检查真空软管有无裂纹、损伤</td><td>8</td><td>检查不当扣 8 分</td><td></td></tr>
<tr><td>11</td><td>检查进气管两端的连接情况</td><td>7</td><td>检查不当扣 7 分</td><td></td></tr>
<tr><td>12</td><td>安装滤清器芯</td><td>10</td><td>操作不当扣 10 分</td><td></td></tr>
<tr><td>13</td><td>安装滤清器盖</td><td>10</td><td>操作不当扣 10 分</td><td></td></tr>
<tr><td>14</td><td>清理工位卫生</td><td>8</td><td>酌情扣分</td><td></td></tr>
<tr><td colspan="2">15</td><td colspan="4">遵守相关安全规范,因违规操作造成人身和设备事故的,总分按 0 分处理</td></tr>
<tr><td colspan="5" align="center">分数合计</td><td></td></tr>
</table>

更换汽油滤清器　　　　　　　　　　　　　　　　　　　　　　　表 1-8

班级：　　　　　　　　　　　组别：　　　　　　　　　　　姓名：

<table>
<tr><td colspan="6" align="center">考 核 标 准 表</td></tr>
<tr><td>考核时间</td><td>序号</td><td>考核项目</td><td>配分</td><td>评分标准</td><td>得分</td></tr>
<tr><td rowspan="9">20min</td><td>1</td><td>作业前整理工位</td><td>3</td><td>酌情扣分</td><td></td></tr>
<tr><td>2</td><td>打开并支撑发动机舱盖</td><td>2</td><td>操作不当扣 2 分</td><td></td></tr>
<tr><td>3</td><td>安装汽车保护罩</td><td>2</td><td>酌情扣分</td><td></td></tr>
<tr><td>4</td><td>检查变速器是否位于空挡或 P 挡</td><td>4</td><td>操作不当扣 4 分</td><td></td></tr>
<tr><td>5</td><td>检查驻车制动器是否工作</td><td>3</td><td>操作不当扣 3 分</td><td></td></tr>
<tr><td>6</td><td>拆除负极线</td><td>5</td><td>操作不当扣 5 分</td><td></td></tr>
<tr><td>7</td><td>清洁蓄电池的极柱和极线</td><td>4</td><td>操作不当扣 4 分</td><td></td></tr>
<tr><td>8</td><td>举升和降落车辆</td><td>7</td><td>操作不当扣 5 分</td><td></td></tr>
<tr><td>9</td><td>清洁油管接口处</td><td>4</td><td>检查不当扣 4 分</td><td></td></tr>
</table>

续上表

考核时间	序号	考 核 项 目	配分	评 分 标 准	得分
20min	10	检查油管及其固定卡	4	操作不当扣4分	
	11	拆卸油管固定卡	7	操作不当扣3分	
	12	拔下和装复油管	7	操作不当扣5分	
	13	堵塞油管口	7	操作不当扣7分	
	14	拆装汽油滤清器支架	6	操作不当扣6分	
	15	拆装汽油滤清器	6	操作不当扣10分	
	16	油管安装后擦除接口处的油迹	3	检查不当扣3分	
	17	确认滤清器的方向	5	操作不当扣5分	
	18	通过点火开关使燃油系统升压	6	操作不当扣6分	
	19	检查并调整举升机的托垫和车辆的支撑点	6	检查不当扣6分	
	20	发动机运转汽油滤清器的检漏	4	检查不当扣4分	
	21	清理工位	5	酌情扣分	
	22	遵守相关安全规范,因违规操作造成人身和设备事故的,总分按0分处理			
分数合计					

更 换 冷 却 液

表1-9

班级：　　　　　　　组别：　　　　　　　姓名：

考 核 标 准 表					
考核时间	序号	考 核 项 目	配分	评 分 标 准	得分
30min	1	作业前整理工位	5	酌情扣分	
	2	打开并支撑发动机舱盖	3	操作不当扣3分	
	3	安装汽车保护罩	5	酌情扣分	
	4	检查变速器是否位于空挡或P挡	5	操作不当扣5分	
	5	检查冷却液膨胀箱中的液面高度	5	操作不当扣7分	
	6	起动发动机前驻车制动器检查	5	操作不当扣10分	
	7	起动发动机后,打开暖风开关	7	操作不当扣10分	
	8	发动机起动后,观察仪表和风扇	7	检查不当扣7分	
	9	检查冷却系统的泄漏	8	检查不当扣8分	
	10	释放冷却系统的压力	8	操作不当扣10分	
	11	放置接水桶	5	操作不当扣10分	
	12	打开放水开关	5	操作不当扣10分	

考核时间	序号	考核项目	配分	评分标准	得分
	13	排放冷却液	5	操作不当扣10分	
	14	锁紧放水开关	7	操作不当扣10分	
	15	加注冷却液	5	操作不当扣10分	
30min	16	排放系统中的冷空气	5	操作不当扣10分	
	17	最终检查(液面高度、是否泄漏)	5	检查不当扣7分	
	18	清理工位	5	酌情扣分	
	19	遵守相关安全规范,因违规操作造成人身和设备事故的,总分按0分处理			
分数合计					

七、学习拓展

1. 机油更换有窍门

(1) 绝对不能频繁更换不同品牌的机油。

因为更换机油时不可能将机油通道中的残留机油全部排放干净,所以混加机油难保不会对新加机油产生影响。

(2) 新车尽量使用原厂的机油。

新车的发动机各部分间隙非常小,理论上使用黏度低的机油润滑效果应该比黏度高的机油好,同时也更容易将磨损下来的金属粉墨带到机滤上而不会残留在油道里,但由于不同品牌的全合成或半合成机油哪怕是标号相同,其黏度也不一样,因此新车尽量使用原厂的机油,保证使用黏度低的机油更省油。

2. 夏季汽车保养的几大注意事项

(1) 检查工作。

一定要做好汽车底盘的检查工作。检测、调试节温器效能。如果爱车所使用的机油不适合,应该更换发动机、变速器、转向器等处的冬季用润滑油(或低温区润滑油),改为夏季用润滑油。检查蓄电池,看看电量是否充足。轮胎是出行中磨损最大的部件之一,因此一定要对汽车轮胎进行系统的检修,必要时做一次四轮定位。

(2) 防水防菌。

夏季气温高,行车时大家都会开空调,为各种病菌繁衍生长创造了有利的环境,因此要特别注意汽车室内的防菌工作,让汽车室内保持干爽卫生,特别是对汽车坐垫、出风口这些死角卫生更要做好清扫工作,保持车内环境的干净整洁。

(3) 保养空滤。

汽车的空调滤芯相当于人们的鼻子,是空气要进入发动机的第一道"关卡",它的作用是过滤掉空气中的风沙以及一些悬浮颗粒物,从而使进入发动机的空气比较纯净,这样才能保证发动机工作正常。而夏天的空气中含有较多的灰尘、细小的沙粒,空调滤芯很容易发生堵塞,这时发动机就会出现不易起动、无力、怠速不稳等症状。一般汽车的空调滤芯在 20000km 要更换一次,10000km 进行一次检查,夏季最好在 1500km 就检查一次,这样对发动机是有好处的。

(4)注意冷却液不要换成清水。

夏季来临,气温升高迅速,有的朋友发现水箱里的冷却液不足,就随意的用清水来补充。这时,汽车防冻虽已无忧,但清水易生成水碱、水锈,而且沸点低,极易造成"开锅"。因此不能随意将冷却液换成清水。同时换冷却液时应顺便检查左右两侧排水孔是否被堵塞,以免下雨后,雨水排放不畅,倒灌进车内。

学习项目2 检查更换散热器、水泵、节温器

情景描述

　　一辆上汽通用五菱轻型载货汽车送修,车主反映该车最近油耗比较高,汽车在行驶时,冷却液温度比较高,长时间怠速汽车很容易熄火。经技术人员检查后确定散热器、节温器的工作异常,需要对散热器、节温器进行拆卸检查,必要时进行更换。

学习目标

知识目标

1.知道散热器、水泵、节温器的作用及工作原理;

2.知道散热器、水泵、节温器的类型;

3.知道散热器、水泵、节温器的常见故障现象。

技能目标

1.会使用散热器、水泵、节温器拆装工具,知道拆装散热器、水泵、节温器的材料准备;

2.能按维修手册要求规范拆装散热器、水泵、节温器;

3.掌握判断散热器、水泵、节温器好坏的方法。

学习内容

1.检查散热器、水泵、节温器;

2.规范拆卸散热器、水泵、节温器;

3.更换、安装散热器、水泵、节温器。

建议课时

24 课时

学习任务 1　检查更换散热器

学习过程

一、任务要求

该项目要求拆卸发动机散热器,检测散热器是否漏水,散热片是否严重变形,更换散热器,并检查更换后是否泄漏,工作时冷却液温度是否正常。

二、资料收集

1.冷却系统的作用

发动机可燃混合气燃烧过程中,汽缸内气体温度高达 2000～2500℃ ,与高温气体接触的机件若不及时加以冷却,则机件可能会膨胀变形,磨损加剧;汽缸充气效率下降,燃烧不正常,功率下降;机油变质、变稀,磨损加剧;冷却速度过快,则散热损失大,发动机功率下降;燃油凝结,燃油不易汽化,混合气燃烧不完全;机油黏度过大,功率消耗加大,起动困难。为了保证发动机正常工作,则必须保证发动机在一定的温度范围内工作。

发动机冷却系统的作用就是使发动机得到适度的冷却,并保持其在最适宜的温度范围内工作。

2.冷却系统的分类

根据冷却介质的不同,冷却系统可分为水冷式和风冷式两种。水冷式是以冷却液为传热介质,再将热量传给空气;风冷式则是将热量直接由缸壁和缸盖传给空气,如图2-1 所示。

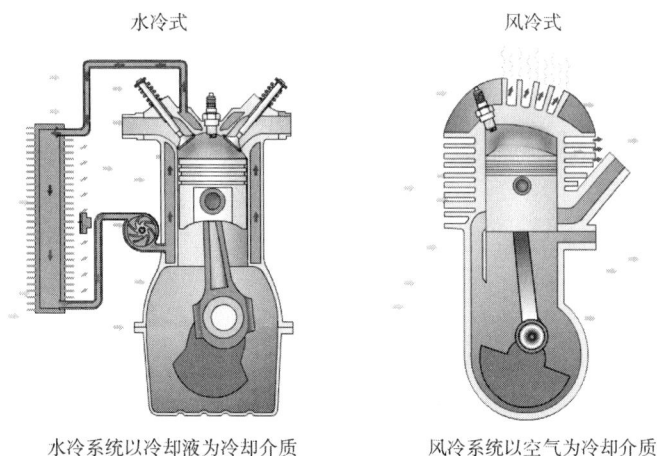

水冷式　　　　　　　　　　　风冷式

水冷系统以冷却液为冷却介质　　　风冷系统以空气为冷却介质

图2-1　发动机冷却系统类型

3.冷却系统的组成

目前在汽车发动机上应用最普遍的强制循环式水冷却系统是利用水泵提高冷却液

的压力,强制冷却液在冷却系统中循环流动,一般发动机工作时冷却液温度为 95 ~ 105℃。强制循环式水冷系统由散热器、水泵、风扇、冷却水套和节温器等组成,如图 2-2 所示。

4. 散热器

(1)散热器的功用是增大散热面积,加速冷却。冷却液经过散热器后,其温度可降低 10 ~ 15℃,为了将散热器传出的热量尽快带走,在散热器后面装有风扇与散热器配合工作。散热器又称为水箱,由上储水室、散热器芯和下储水室等组成,如图 2-3 所示。

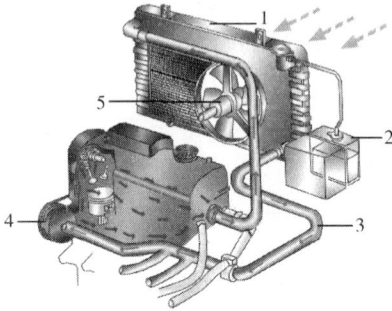

图 2-2　强制水冷系统组成
1-散热器;2-副水箱;3-冷却水管;4-水泵;
5-风扇

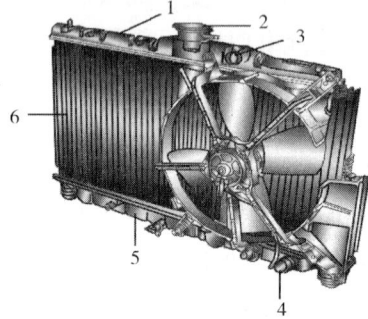

图 2-3　散热器结构
1-上储水室;2-散热器盖;3-进水管口;
4-出水管口;5-下储水室;6-散热器芯

(2)散热器芯按结构形式不同分为管片式和管带式两种,如图 2-4 所示。

5. 散热器盖

汽车上广泛采用闭式水冷系统,散热器盖具有空气-蒸汽阀,可自动调节冷却系统内部压力,提高冷却效果,如图 2-5 所示。

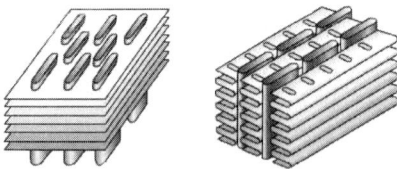

图 2-4　散热器芯的结构形式
(管片式和管带式)

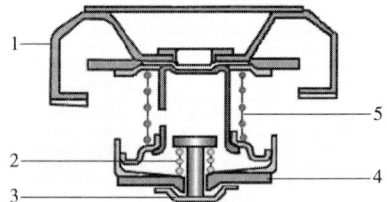

图 2-5　散热器盖结构
1-盖;2-真空阀弹簧;3-真空阀;4-压力阀;5-压力阀弹簧

压力阀和真空阀均为止回阀,压力阀向上打开,真空阀向下打开,压力阀弹簧较硬,真空阀弹簧相对软一些。发动机正常状态时阀门均关闭,把冷却系统与大气隔开。当冷却系统内压力升高到一定值时,压力阀弹簧压缩打开阀门,过高的压力由溢流管释放掉,冷却系统内的压力下降,以防止散热器膨胀;当压力降低到一定值时,压力阀在弹簧作用下又重新关闭。这样就使冷却系统内压力稍高于大气压,从而可提高冷却液沸点,增加散热器与大气温差,增强散热效率。当散热器内压力继续降低,低于某一值时,真空阀开启,使外部空气和部分冷却液通过溢流管进入散热器,使散热器内压力升高,升高到一定值后,真空阀关闭,如图2-6所示。

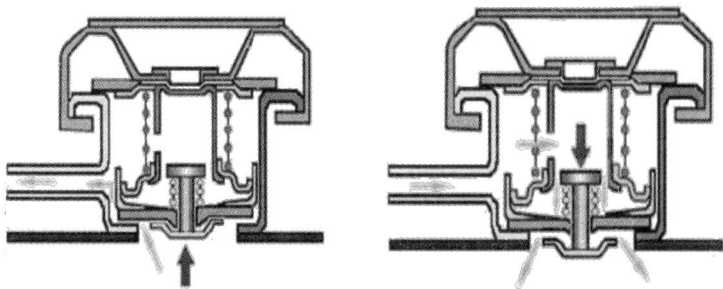

图2-6 压力阀和真空阀的工作原理

6.散热器常见损坏形式

节温器常见损坏方式主要表现为泄漏和散热片弯曲等。散热器的各部分如有泄漏和损坏需更换,弯曲的散热片可以校直,可以用低压力(低于150kPa)的水或空气清新其迎风面上的脏物。

散热器的泄漏检查:将散热器内充入0.1MPa以上压力的压缩空气,观察其下降值,若2min内压力下降超过0.015MPa,说明散热器存在渗漏部位,应予以排除。

堵死散热器的进出口,在散热器内充入50～100kPa的压缩空气,并将其浸泡在水中,检查有无气泡冒出,若有,则在冒气泡部位做好记号,以便焊修,如图2-7所示。

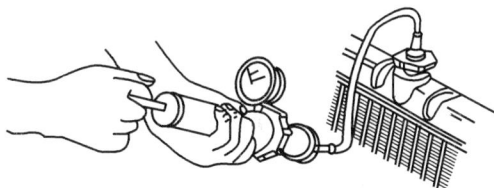

图2-7 散热器泄漏检查

三、任务准备

1.所需的工量具及材料

设备:上汽通用五菱轻型载货汽车。

工量具:扭力扳手、10号套筒、12号套筒、14号套筒、短接杆、快速扳手、10号T字杆、12号T字杆、一字螺丝刀、十字螺丝刀、尖嘴钳、10－12号梅花扳手、12－14号梅花扳手、接水盘、工具车。

材料:抹布、密封胶、冷却液。

2.拆装流程分析

1)拆卸顺序

拆卸散热器盖及排放塞→排放冷却液→拆卸散热器上、下水管,空气管→拆卸散热器固定螺栓。

2)安装程序

安装散热器→安装散热器上、下水管,空气管→安装散热器排放塞→加注冷却液→安装散热器盖。

四、实施步骤

1. 拆卸散热器步骤(表2-1)

拆 卸 散 热 器   表2-1

(1)任务前准备:实施5S,准备好维修更换工具,新的散热器	(2)安全将车辆停放至维修工位,拉紧驻车制动器,挡位置于空挡。安装防护挡件
(3)拆下驾驶室座椅、拧开散热器盖、安全规范操纵举升机将车辆举升至目标高度 	(4)拆下散热器排放塞,排放冷却液,直至散热器无冷却液排出,松开卡箍,拔下出水管
(5)操纵举升机安全将车辆降下,拆下上进水管 	(6)拆下空气管,拆下冷却风扇线束接头
(7)拆下散热器紧固螺栓,取下散热器总成 	(8)将散热器总成放在零件车上,拆下冷却风扇

2. 安装散热器步骤

安装步骤与拆卸步骤顺序相反,具体顺序参考拆卸步骤顺序。

五、任务检验

检查发动机机油、冷却液的液面高度,保证液面高度在规定位置。

起动汽车,使发动机保持在不同工况,观察散热器水管接头、排放塞等位置应无漏水现象,检测散热器的上、下水管温度,应不一样。

六、项目评价

对本学习任务进行评价,学生技能考核表如表2-2所示。

技能考核评价表　　　　表2-2

班级:　　　　　　　组别:　　　　　　　姓名:

序号	考核内容	配分	评分标准	考核记录	扣分	得分
1	检查工具设备	5	准备不齐全扣5分			
2	正确使用工具	10	工具使用不当扣10分			
3	拆卸散热器	20	拆卸方法不正确扣10分			
			拆卸顺序不正确扣10分			
4	检查散热器	20	检查方法不正确10扣分			
			检测结果不正确扣10分			
5	安装散热器	20	安装方法不正确扣10分			
			安装顺序不正确扣10分			
6	检测散热器泄漏	10	检查方法不正确扣10分			
7	遵守安全规程,正确使用工量具,操作现场整洁	10	每项扣2分,扣完为止			
	安全用电,防火,无人身设备事故	5	因操作不当发生重大事故,按0分计			
8	分数总计					

学习任务2　检查更换节温器

🎓 学习过程

一、任务要求

该项目要求能熟练拆卸和安装节温器,检查节温器性能好坏。

二、资料收集

1.节温器的作用与结构(以蜡式节温器为例)

节温器在冷却系统中最大的作用就是随着发动机负荷和冷却液温度的高低来自动

改变发动机冷却液的流量和循环路线,以保证发动机在正常的温度范围内工作。

蜡式节温器由上支架、下支架、主阀门、旁通阀、感应体、中心杆、橡胶管和弹簧等组成,如图2-8所示。节温器的上支架和下支架与阀座铆成一体。中心杆上端固定在上支架的中心,其下部插入橡胶管的中心孔内,中心杆下端呈锥形。橡胶管与感应体外壳之间的空腔里装有石蜡。为了提高导热性,石蜡中常掺有铜粉和铝粉。感应体外壳上下部有联动的主阀门和旁通阀门。主阀门上有通气孔,它的作用是在加水时使水套内的空气经小孔排出,保证能加满水。

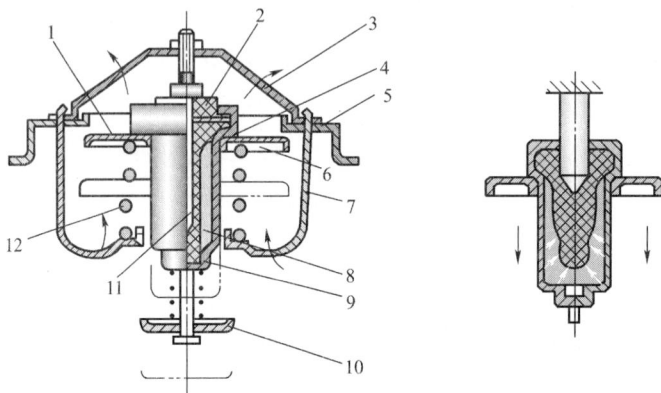

图2-8 蜡式节温器的结构

1-主阀门;2-盖和密封垫;3-上支架;4-胶管;5-阀座;6-通气孔;7-下支架;8-石蜡;9-感应体;10-旁通阀;11-中心杆;12-弹簧

2.节温器的分类

节温器分为蜡式、折叠(筒)式、双金属式,蜡式节温器又分为单阀式和双阀式。目前多数汽车发动机采用石蜡式节温器,如图2-9所示。

图2-9 石蜡式节温器

3.石蜡式节温器的工作原理

常温下石蜡呈固态,冷却液温度低于82℃时,主阀门完全关闭,旁通阀完全开启,由节温器出来的冷却液经旁通管直接进入水泵,称为小循环。由于冷却液只是在水泵和水套之间流动,不经过散热器,且流量小,所以冷却强度弱,如图2-10、图2-11所示。

当发动机冷却液温度达到82℃时,石蜡逐渐融化成液态,体积随之增大,迫使橡胶管收缩,从而对中心杆下部锥面产生向上的推力。由于杆的上端固定,故中心杆对橡胶管及感应体产生向下的反推力,克服弹簧张力使主阀门逐渐打开,旁通阀开度逐渐减小;冷却液部分进入水泵,部分流入散热器,成为混合循环。

当发动机冷却液温度升高达95℃时,主阀门完全开启,旁通阀完全关闭,冷却液全部流经散热器,称为大循环。由于此时冷却液流动线路长,流量大,冷却强度强,如图2-12、图2-13所示。

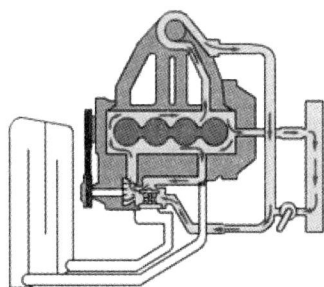

图 2-10　小循环路线

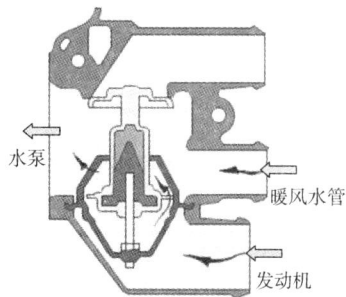

图 2-11　节温器主阀门关闭

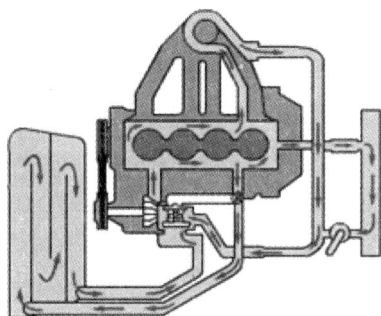

图 2-12　大循环路线

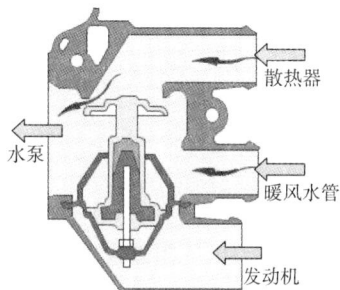

图 2-13　节温器主阀门打开

4．节温器常见故障

节温器常见故障主要表现为节温器常开、无法开启或开度不够大。常开一般是弹簧断裂造成,需更换节温器;无法开启:一是节温器卡死造成,二是外壳有裂纹或蚀洞,膨胀液漏出。节温器有了故障,发动机将无法在正常的温度下工作,这将加快发动机磨损,缩短寿命。

以上两种故障模式是最常见的,通俗地讲就是冷却液温度高和冷却液温度低。

三、任务准备

1．所需的工量具及材料

设备:上汽通用五菱微型货车。

工量具:扭力扳手、10 号套筒、12 号套筒、14 号套筒、短接杆、快速扳手、10 号 T 字杆、12 号 T 字杆、一字螺丝刀、十字螺丝刀、尖嘴钳、10 – 12 号梅花扳手、12 – 14 号梅花扳手、接水盘、工具车。

材料:抹布、密封胶、冷却液。

2．拆装流程分析

1)拆卸顺序

拆卸散热器盖→排放冷却液→拆卸节温器盖→拆卸节温器。

2)安装程序

安装节温器→安装节温器盖→安装散热器排放塞→加注冷却液→安装散热器盖。

四、实施步骤

1. 拆卸节温器步骤(表2-3)

拆 卸 节 温 器 表2-3

(1)任务前准备:实施5S管理,准备好常用维修工具	(2)将维修车辆安全停放至维修工位,拉紧驻车制动器,挡位置于空挡。安装车辆防护挡件。拧开散热器盖 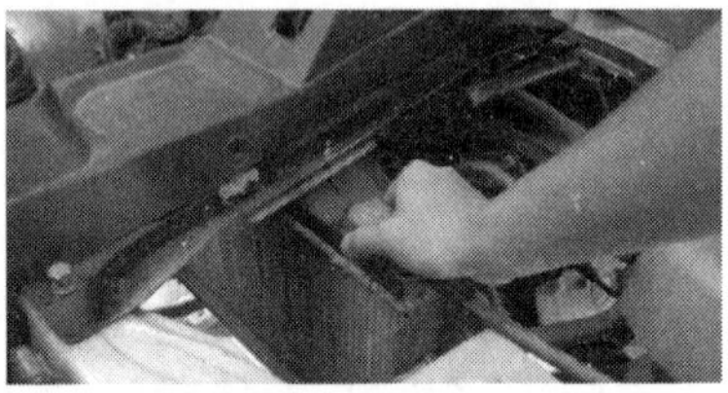
(3)安全规范操作举升机将车辆举升至目标高度。拧开散热器排液口,排放冷却液 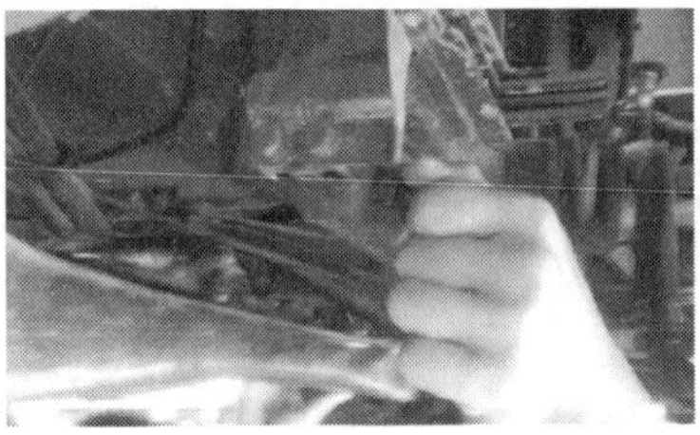	(4)将车辆安全降至地面,拆下节温器盖安装螺栓 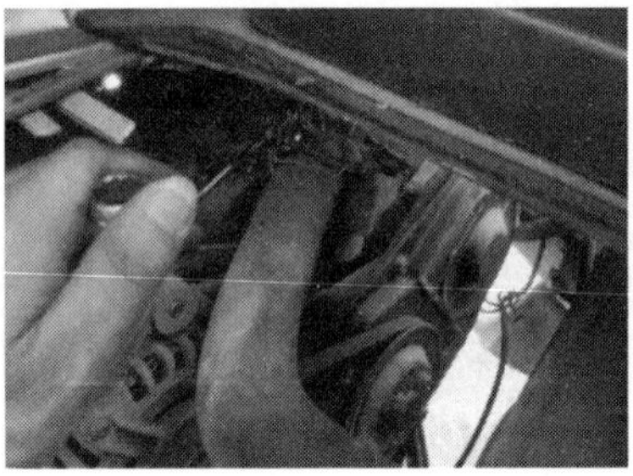
(5)取下节温器及密封垫片 	

2. 零件清洁

用铲刀清除粘在节温器盖上的密封胶、节温器坐垫。

3. 检查节温器

(1)查看节温器的排气口,如有脏物堵塞请清除干净。

(2)节温器和节温器盖各部位如有裂纹和变形请更换新件。

(3)检查节温器的性能:将节温器浸入水中并逐渐加热,如图2-14所示。仔细查看节温器打开时、全开时的冷却液温度和阀门升程,并记录下数据。

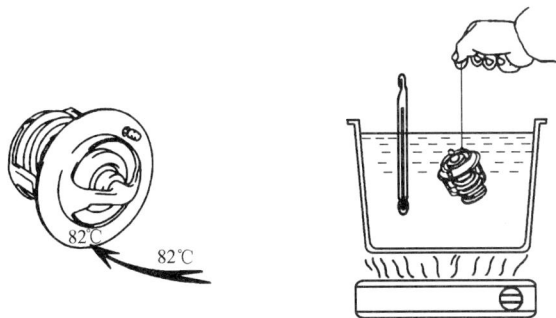

图2-14 节温器的检验

4. 相关技术参数

(1)测定开始开启温度(82℃±3℃)。

(2)测定完全开启温度(95℃±3℃)。

(3)全开时阀门升程(不应小于8mm)。

5. 安装节温器步骤

安装步骤与拆卸步骤相反,请参考拆卸步骤。

五、任务检验

检查发动机机油、冷却液的油液面高度,保证油液面高度在规定位置。

起动汽车,检测节温器安装部位是否漏液,观察发动机冷却液温度,各工况时冷却液温度均正常,则证明该节温器安装正确。

六、考核要求

对本学习任务进行评价,学生技能考核表如表2-4所示。

技能考核评价表   表2-4

班级: 组别: 姓名:

序号	考核内容	配分	评分标准	考核记录	扣分	得分
1	检查工具设备	5	准备不齐全扣5分			
2	正确使用工具	10	工具使用不当扣10分			
3	拆卸节温器	20	拆卸方法不正确扣10分			
			拆卸顺序不正确扣10分			
4	检查节温器	20	检查方法不正确扣10分			
			检测结果不正确扣10分			
5	安装节温器	20	安装方法不正确扣10分			
			安装顺序不正确扣10分			
6	检测节温器工作性能	10	检查方法不正确扣10分			

25

续上表

序号	考核内容	配分	评分标准	考核记录	扣分	得分
7	遵守安全规程,正确使用工量具,操作现场整洁	10	每项扣2分,扣完为止			
	安全用电,防火,无人身设备事故	5	因操作不当发生重大事故,按0分计			
8	分数总计					

学习任务3 检查更换水泵

学习过程

一、任务要求

该项目要求能熟练拆卸和安装水泵,检查水泵的工作性能以及是否损坏。

二、资料收集

1. 水泵的作用

水泵的作用是对冷却液加压,加速冷却液的循环流动,保证冷却可靠。车用发动机上多采用离心式水泵,离心式水泵具有结构简单、尺寸小、排水量大、维修方便等优点。

2. 水泵的结构

离心式水泵主要由泵体、叶轮和水泵轴组成,叶轮一般是径向或向后弯曲的,其数目一般为6~9片,如图2-15所示。

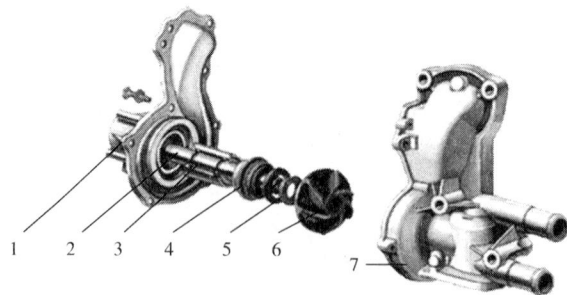

图2-15 离心式水泵的结构

1-外壳;2-水泵轴;3-轴承;4-水封碗;5-挡水圈;6-叶轮;7-水泵外壳

3. 水泵的工作原理

当叶轮旋转时,水泵中的水被叶轮带动一起旋转,由于离心力的作用,水被甩向叶轮边缘,在蜗形壳体内将动能转变为压能,经外壳上与叶轮成切线方向的出水管被压送到发动机水套内。

在压水的同时,叶轮中心处压力降低,散热器中的水便经进水管被吸进叶轮中心部分,如图 2-16 所示。

4.水泵的常见故障

水泵的常见故障有叶轮损坏、水泵漏水以及轴承抱死等。

三、任务准备

1.所需的工量具及材料

设备:丰田 5A 发动机台架。

工量具:扭力扳手、10 号套筒、12 号套筒、14 号套筒、18 号套筒、短接杆、快速扳手、10 号 T 字杆、12 号 T 字杆、一字螺丝刀、十字螺丝刀、尖嘴钳、10－12 号梅花扳手、12－14 号梅花扳手、接水盘、工具车。

图 2-16　水泵工作原理

材料:抹布、密封胶、冷却液。

2.拆装流程分析

1)拆卸顺序

拆卸散热器盖及排放塞→排放冷却液→拆卸水泵链接水管→拆卸水泵固定螺栓。

2)安装程序

安装水泵→安装水泵水管→安装散热器排放塞→加注冷却液→安装散热器盖。

四、实施步骤

1.拆卸水泵

拆卸水泵步骤如表 2-5 所示。

拆 卸 水 泵 步 骤　　　　　　　　　　　　　　表 2-5

(1)任务前准备:实施 5S;准备好常用维修工具	(2)拧下散热器盖。拆下散热器排放塞排放冷却液,并装回排放塞
(3)拆下发动机机油标尺套管 	(4)拧松水泵带轮紧固螺栓

(5)松开发电机传动带紧固螺栓和调整螺栓,并拆下传动带	(6)拆下水泵皮带
(7)拆下高压线和发动机气门室罩盖	(8)拆下发动机正时防护罩
(9)拆下水泵总成紧固螺栓,并取出水泵总成	

2. 零件清洁

用铲刀清除粘在水泵安装座和水泵壳上的密封胶。

3. 检查水泵

(1)检查水泵是否叶轮开裂、叶轮从泵轴上松脱或叶轮腐蚀,如有,请换用新件。

(2)检查水泵是否泄漏:观察水泵泵壳是否有裂纹,水泵附近是否有防冻液的痕迹,如有则说明水泵泄漏,需更换。

(3)用手转动水泵是否运转灵活,如有噪声、卡滞等缺陷请换用新件。

4. 安装水泵

安装水泵步骤如表 2-6 所示。

安 装 水 泵 步 骤

表 2-6

（1）将新的密封垫和水泵安装在座孔上，并旋紧水泵固定螺栓 	（2）安装发动机正时防护罩
（3）安装发动机气门室罩盖及高压线 	（4）安装水泵皮带轮
（5）安装发电机传动带，并调整传动带张紧度，紧固发电机紧固螺栓 	（6）安装发动机机油尺套管
（7）加注发动机冷却液，排除冷却系统空气，安装散热器盖 	

五、任务检验

检查发动机机油、冷却液的油液面高度,保证油液面高度在规定位置。

起动汽车,检查水泵是否有漏水的现象,观察水泵的工作情况,各工况时冷却液温度均正常,则该水泵更换安装正确。

六、项目评价

对本学习任务进行评价,学生技能考核表如表2-7所示。

技能考核评价表   表2-7

班级: 组别: 姓名

序号	考核内容	配分	评分标准	考核记录	扣分	得分
1	检查工具设备	5	准备不齐全扣5分			
2	正确使用工具	10	工具使用不当扣10分			
3	拆卸水泵	20	拆卸方法不正确扣10分			
			拆卸顺序不正确扣10分			
4	检查水泵	20	检查方法不正确10扣分			
			检测结果不正确扣10分			
5	安装水泵	20	安装方法不正确扣10分			
			安装顺序不正确扣10分			
6	检测水泵	10	检查方法不正确扣10分			
7	遵守安全规程,正确使用工量具,操作现场整洁	10	每项扣2分,扣完为止			
	安全用电,防火,无人身设备事故	5	因操作不当发生重大事故,按0分计			
8	分数总计					

学习项目3 检查更换火花塞、高压线、测量汽缸压力

情景描述

某汽车出现起动困难、发动机转速不稳定、发抖、动力不足,尾气排放冒蓝烟,油耗过高。经维修技术人员检查,发现火花塞、高压线工作异常,测量汽缸压力,压力数值异常,需要对火花塞、高压线及机体进行拆卸检查,必要时更换部分零件。

学习目标

知识目标

1. 知道火花塞、高压线作用及工作原理;
2. 知道火花塞、高压线类型及如何选用;
3. 知道火花塞、高压线的常见故障现象;
4. 知道汽缸压力数值的意义;
5. 知道通过分析汽缸压力数值了解发动机故障原因。

技能目标

1. 能熟练使用工具拆装火花塞、高压线;
2. 会检查判断火花塞、高压线好坏;
3. 能按维修手册规范要求测量高压线电阻值、测量汽缸压力;
4. 会根据汽缸压力数值判断发动机的汽缸密封性能是否良好。

学习内容

1. 火花塞、高压线工作原理及类型;
2. 测量发动机汽缸压力的原因;
3. 检查火花塞、高压线的工作情况;
4. 能够准确测量发动机汽缸压力数值。

建议课时

24 课时

学习任务 1 火花塞的检查及更换

学习过程

一、任务要求

该任务要求熟练拆下高压线和火花塞,对火花塞进行清洁检查,判断火花塞工作情况,必要时更换。

二、资料收集

1. 火花塞的作用

火花塞的作用是把点火线圈产生的高压电(1 万 V 以上),通过高压线输送到火花塞,击穿火花塞两电极间的空气,产生电火花引燃汽缸内的可燃混合气体。

2. 火花塞的组成

(1)火花塞由中心电极、线柱芯、陶瓷绝缘体、导电玻璃等构成,如图 3-1 所示。

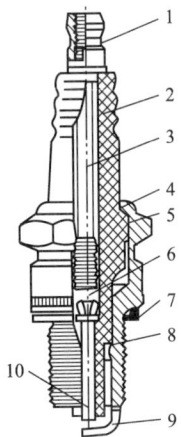

(2)火花塞的金属壳体内部有高氧化铝陶瓷绝缘体,绝缘体中心有金属杆,金属杆上端接线螺母用来连接导线,中心孔的下部装有中心电极。中心电极一般用镍锰合金、铂合金和铱金合金等合金制成,它耐热、耐腐蚀,且具有良好的导电性能。电子点火系统的火花塞间隙一般为 1.0 ~ 1.2mm。

图 3-1 火花塞结构图
1-接线螺母;2-绝缘体;3-金属杆;4-内垫圈;5-壳体;6-导电玻璃;7-多层密封垫圈;8-内垫圈;9-搭铁(侧)电极;10-中央电极

3. 火花塞的分类

(1)汽车火花塞按照热值高低来分,分为冷型和热型。火花塞的热值表示其散热速度的快慢,数值越大散热速度越快(即火花塞越冷)。火花塞热值,从热型到冷型,用 1、2、3、4…表示,其中 1 ~ 3 为低热值火花塞,4 ~ 6 为中热值火花塞,7 ~ 9 为高热值火花塞。不同的发动机要求使用的火花塞不同,一般而言,轿车的行驶速度快,压缩比高,需要用热值高的(散热快)火花塞;大型车行驶速度慢,一般用热值低(散热慢)的火花塞。

(2)按照电极材料来分,有镍锰合金、铂合金和铱金火花塞等,铱金火花塞如图 3-2 所示。

镍锰合金制成的火花塞(即普通火花塞),一般车辆行驶 2 万 km 或 1 年后都要进行检查或更换,铂金火花塞可实现 3 万 ~ 5 万 km 内免检查更换,铱金火花塞使用寿命更长。

(3)按极数来分,火花塞分为单侧极和多侧极火花塞,如图 3-3 所示。

图 3-2 铱金火花塞

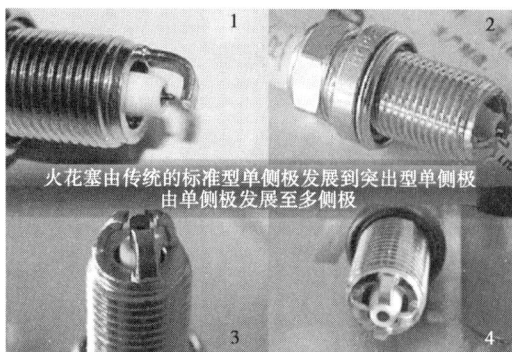

火花塞由传统的标准型单侧极发展到突出型单侧极
由单侧极发展至多侧极

图 3-3 单侧极与多侧极火花塞
1-单侧极;2-双侧极;3-三侧极;4-四侧极

（4）按结构、点火特点来分，火花塞可分标准型火花塞、绝缘体突出型火花塞、电极型火花塞、座型火花塞、极型火花塞、面跳火型火花塞。国产火花塞型号各部分代表的意义如下：

第一部分:英文字母,表示火花塞的结构和类型及主要尺寸。第二部分:阿拉伯数字,表示火花塞的热值。第三部分:英文字母,表示火花塞的特性。

例如:K6RTC

"K"表示螺纹规格 M14×1.25,平座,螺纹长度 19mm;

"6"表示火花塞的热值;

"R"表示火花塞为电阻型;

"T"表示火花塞绝缘体为突出型;

"C"表示火花塞中心电极为镍铜复合型。

4. 火花塞选用

火花塞的选用是由汽车制造厂在汽车发动机定型时,结合发动机综合试验而相应确定的。选型的基本原则是:发动机功率大、压缩比高、转速高,应选用热型火花塞,反之则选用冷型火花塞。

5. 火花塞常见故障

火花塞的常见故障主要有两种:一是火花塞严重烧蚀,二是火花塞有沉积物。

1）火花塞烧蚀

（1）火花塞顶端有疤痕或破损、电极出现熔化、烧蚀现象时,表明火花塞已经毁坏。

（2）电极熔化且绝缘体呈白色,表明燃烧室内温度过高。这可能是燃烧室内积炭过多,造成气门间隙过小,引发排气门过热,或者冷却装置工作不良造成的。

（3）电极变圆且绝缘体结有疤痕,这就表明发动机早燃,可能是点火时间过早或者汽油辛烷值过低,火花塞热值过高等原因造成的。

（4）绝缘体顶端碎裂,一般是由于爆震燃烧引起。绝缘体顶端有灰黑色条纹,表明火花塞已经漏气。

2）火花塞上有油性沉积物

火花塞绝缘体的顶端和电极间有时会粘上沉积物。火花塞出现沉积物只是一个表面现象,这有可能是发动机的机械部件出现问题的信号。如果只是个别火花塞上有油性沉积物,可能是气门杆油封损坏造成的。如果是各个缸体的火花塞都粘有这种沉积物,则可能是汽缸出现蹿油。

6. 火花塞安装拧紧力矩(表3-1)

火花塞安装拧紧力矩　　　　　表3-1

旋入长度	18mm		14mm		12mm	10mm
形式	平座形 (用垫圈)	锥形	平座形 (用垫圈)	键形	平座形 (用垫圈)	平座形 (用垫圈)
铸铁缸盖(N·m)	35~45	20~30	25~35	15~25	15~25	10~15
铝缸盖(N·m)	35~40	20~30	25~30	10~20	15~22	10~12

三、任务准备

1. 所需的工量具及材料

设备:发动机台架(火花塞型号:YR7DC)。

工量具:塞尺、火花塞套筒。

材料:抹布。

2. 拆装流程分析

1)拆卸顺序

拔下高压线接头→拆下高压线→用火花塞套筒依次拆卸火花塞。

2)安装程序

清洁火花塞→使用火花塞套筒依次安装火花塞→安装高压线。

四、任务实施

1. 拆卸火花塞

火花塞拆卸步骤如表3-2所示。

火花塞拆卸步骤　　　　　表3-2

(1)任务前准备:实施5S,准备拆装工具拆下高压线。注意:拆高压线接头时应轻柔,操作时不可用力摇晃火花塞绝缘体,否则会破坏火花塞密封性能	(2)用火花塞套筒依次拆卸火花塞

续上表

（3）将火花塞小心取出,取出火花塞时注意不能让火花塞掉落到地面	（4）将火花塞摆放整齐

2. 零件清洁

用专用清洁剂清洁火花塞并晾干。

3. 检查判断火花塞性能

（1）外部检查:火花塞顶端有疤痕或破损、电极出现熔化、烧蚀现象时,则火花塞已经毁坏,应该更换火花塞。

（2）间隙检查:用塞尺测量电极间隙。中心电极与侧电极之间的间隙应符合要求（具体标准应参考所选用的火花塞标准）,测量方法如图 3-4 所示。

（3）跳火实验:如图 3-5 所示,跳火且火花正常则说明火花塞良好,否则应更换火花塞。

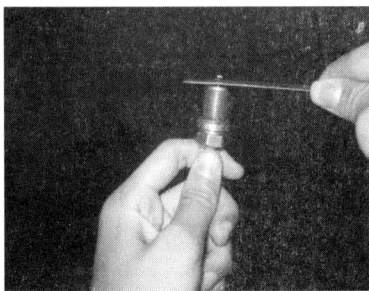

图 3-4　火花塞间隙测量

图 3-5　火花塞跳火试验方法

4. 火花塞安装步骤

火花塞安装步骤与拆卸步骤相反（具体参考拆卸步骤）。

注意:安装火花塞时,用套筒将火花塞对准螺栓孔,轻轻旋入,旋入约螺纹全长的1/2后,用加力杠杆紧固。若安装时手感不顺畅,应退出,检查是否对正螺栓孔或螺纹中有无夹带杂质,切不可盲目加力紧固,以免损伤螺孔,殃及缸盖,特别是铝合金缸盖。

学习任务2　高压线的检查及更换

学习过程

一、任务要求

该任务要求能熟练拆下高压线,进行清洁检查,使用数字万用表测量高压线电阻值,判断高压线的工作情况,必要时更换。

二、资料收集

1.高压线的作用

高压线的作用是将点火线圈产生的高压电(1万V以上)传给火花塞,点燃可燃混合气体。

2.高压线总成的使用

高压线所输送的电流较小,但输出电压高达几万伏,击穿能力很强,因此对高压线总成维护要求极高。高压线总成的绝缘体完整,性能良好,其两端的金属端子采用不锈钢材料。高压阻尼线的电阻值应达到技术要求。安装分电器的发动机中央高压线的电阻值一般为 0~2.8kΩ,高压分线电阻一般为 1.6~7.4kΩ,不同类型的发动机参考相应标准,上汽通用五菱发动机点火高压线电阻值,如表3-3所示。

上汽通用五菱发动机(1.2L)点火高压线电阻值　　表3-3

缸　　号	电　　阻(kΩ)	缸　　号	电　　阻(kΩ)
1缸	1.55~10	3缸	2.09~12.36
2缸	1.79~11.05	4缸	2.8~15.51

3.高压线结构

不同车型的发动机高压线的结构外形设计特点各有差异,如图3-6所示。

图3-6　点火线圈与高压线

4.高压线电阻值检查与测量

(1)外部检查。将高压线围成一个圆形,检查绝缘层是否有开裂。外表绝缘层破损严重,会导致漏电,此时就应该更换高压线。

(2)用数据万用表欧姆挡测量高压线电阻值,测量时将万用表两接触针分别接到每条高压线的两端,测量其阻值,应在该车型规定范围内。若小于或超过规定范围,将影响高压火花的强度,表明高压线性能不良,应予以更换。

三、任务准备

1. 所需的工量具及材料

设备:发动机台架 、高压线。

工量具:数字万用表。

材料:抹布。

2. 拆装流程分析

四、任务实施

1. 拆卸高压线

拆卸高压线步骤如表3-4所示。

拆卸高压线步骤　　　　　　　　　　　　　　　表3-4

(1)用抹布清洁发动机台架	(2)拆下高压线,注意:应捏住高压线两头的橡胶护套,切不可直接拉伸高压线线体,以免损坏其中的线芯,拔下高压线接头时应轻柔
(3)拆下高压线接头	(4)用万用表欧姆挡测量高压线电阻值

2. 测量高压线

测量高压线电阻值,并将测量的电阻值填入表格,如表3-5所示。

3. 高压线安装

高压线的安装步骤和拆卸步骤相反。

缸　数	第一次测量 电阻值	第二次测量 电阻值	第三次测量 电阻值	判断高压线是否 可以使用
1 缸				
2 缸				
3 缸				
4 缸				

测量的高压线电阻值填写表格 　　　　表 3-5

学习任务 3　测量汽缸压力

学习过程

一、任务要求

该操作项目需要拆下空气滤清器(就车测量时),拆下高压线及火花塞,拔下喷油器电源接头,断开曲轴位置(CKP)传感器连接器,节气门全开,起动发动机,测量汽缸压力,并通过测量的汽缸压力数值判断发动机的汽缸气密性是否良好。

二、资料收集

1. 汽缸压力

汽缸压力是指活塞到达压缩行程上止点时汽缸压缩压力的大小,它表明汽缸气密性的好坏。

2. 汽缸压力检测

将发动机预热至正常工作温度,拆下发动机各缸的高压线、火花塞和喷油器电源线接头,断开曲轴位置(CKP)传感器连接器,节气门全开,起动发动机。丰田 5A 发动机怠速转速(r/min):750 ± 50,标准汽缸压强为 1.3 ~ 1.5MPa。任意两个汽缸之间的压力差不能低于 98kPa。

3. 汽缸压力表

单位换算:$1kgf/cm^2 = 0.098MPa = 0.98bar = 14.22psi$;$1Mpa = 1000kPa$。

汽缸压力表读数:表的内圈读数单位是 kPa(千帕) × 100,外圈读数为 psi(磅)。

4. 影响汽缸压力的因素

影响汽缸压力的因素有:燃烧室积炭过多、汽缸衬垫过薄、缸体与缸盖接合平面变形等会造成汽缸压力过大;汽缸、活塞、活塞环磨损过大,活塞环对口、断裂、卡死,缸壁拉伤及进、排气门或汽缸衬垫不密封等会导致汽缸压力过小。

5. 判断汽缸的气密性

汽车发动机故障,通过观察汽缸压力表的读数变化,可以迅速、准确地诊断出汽缸内的一些机件故障。在此介绍四种判断方法。

(1)现象一:在起动机刚转动的瞬间,汽缸压力表的指针上升速度和数值很低。随着起动机转动时间的延续,指针又慢慢上升,但升高值不大,最终指针不动时,压力表的读数仍很低。

故障原因:该缸的气门不密封。可能是气门、气门座圈被烧坏,或气门间隙过小,或气门被积炭杂质卡住所致。

(2)现象二:在起动机刚转动的瞬间,汽缸压力表的读数很低,随着起动机转动时间的延续,汽缸压力由低逐渐升高,但最终读数要比该汽缸压力的标准值低。

故障原因:活塞与汽缸壁不密封,可能是活塞严重磨损、折断、被胶质黏结,或汽缸壁磨损、拉伤,或活塞严重磨损所致。

(3)现象三:相邻两汽缸的压强相等,且都很低。

故障原因:相邻两缸串通。可能是相邻两缸的垫片被烧穿,或汽缸盖、汽缸体上下平面不平所致。

(4)现象四:各缸压强普遍偏低。

故障原因:凸轮轴正时齿轮的半圆键磨损过甚或移位所致。

三、任务准备

1. 所需的工量具及材料

设备:发动机台架、蓄电池。

工量具:火花塞套筒一个、PT-0012 汽缸压力表一个。

材料:抹布。

2. 测量汽缸压力流程分析

1)操作顺序

发动机热车至正常温度→熄火→拆下空气滤清器(就车)→拔下高压线接头→拔开喷油器电源接头→断开曲轴位置(CKP)传感器连接器→拆下全部火花塞→安装汽缸压力表→节气门全开→起动起动机 3~5s→每个汽缸完成 4~5 个压缩行程后,读取汽缸压力表数值→每个汽缸测量三次,取平均值。

2)安装顺序

拆下汽缸压力表→清洁、安装火花塞→安装高压线→连接喷油器电源插座→连接曲轴位置(CKP)传感器连接器→安装空气滤清器。

四、任务实施

1. 测量汽缸压力

测量汽缸压力步骤如表 3-6 所示。

测量汽缸压力步骤　　　　　　　　　　　　　　　　表 3-6

(1)准备汽缸压力表、火花塞套筒	(2)起动发动机,热车至正常温度后,熄火,拆下空气滤清器,拔下高压线接头
(3)拔下喷油器电源接头	(4)断开曲轴位置(CKP)传感器连接器
(5)用火花塞套筒依次拆卸火花塞	(6)装上汽缸压力表,节气门全开
(7)起动发动机 3～5s,使每缸完成四个压缩行程后,读取汽缸压力表数值。每次起动发动机后,间隔15s后再起动,每个汽缸测三次,取平均值 	

2. 检测结果填写和分析

将测量结果填入表中,并对结果进行分析(任意两个汽缸之间的压力差应小于98kPa),汽缸压力测作业表如表3-7所示。

汽缸压力测量作业表 表3-7

检测缸数	第一缸	第二缸	第三缸	第四缸
测量值				
平均值				
结果分析				
学号:	姓名:		指导教师:	

3. 安装火花塞、高压线、喷油器电线插座及其他附件

安装步骤参考拆卸步骤。

五、项目评价

项目技能考核评价表如表3-8所示。

技能考核评价表 表3-8

班级: 组别: 姓名:

序号	考核内容	配分	评分标准	核分记录	扣分	得分
1	检查工具设备	2	检查不到位酌情扣分			
2	正确使用工具仪器	8	工具使用不当扣5分			
3	拆卸高压线、火花塞	5	拆卸方法不正确酌情扣分			
		5	摆放不整齐扣2分			
4	清洁、检查火花塞、高压线	20	拆卸后不清洁酌情扣分			
			拆卸后不检查扣5分			
5	测量高压线电阻值	15	测量方法不对酌情扣分			
6	测量汽缸压力	10	测量方法不对酌情扣分			
		5	测量数值不准确扣5分			
7	装复高压线、火花塞及其他附件	15	装复顺序错误酌情扣分			
8	遵守安全规程,正确使用工量具,操作现场整洁	10	每项扣2分,扣完为止			
9	安全用电,防火,无人身设备事故	5	因操作不当发生重大事故,此题按0分计			
	分数总计					

六、学习拓展

车型:北汽福田风景海狮旅行车

出厂日期:2002 年 3 月

行驶里程:135000km

故障现象:发动机不能起动

故障诊断:该车装备 491Ω(4Y)发动机,采用摩托罗拉单点燃油喷射系统。经检查,发动机存在不易起动、起动后怠速不稳、加速时发动机剧烈抖动、排气管放炮等故障现象。

使用汽车故障诊断仪查询发动机控制单元,没有故障码记忆。根据故障现象判断为某汽缸不工作,于是做断缸试验。拔下 1 缸高压线插上一只火花塞(这样做不使点火放大器损坏),将火花塞的旁电极搭铁。再次起动发动机,抖动现象更加严重,同时看到火花塞电极间有连续的蓝色火花跳跃。这个试验说明:1 缸高压火花正常,做功正常。用此法依次试验各缸,发现中断 2 缸点火后发动机抖动无变化,而外接的火花塞发出的火花强度和颜色与其他 3 个缸没有区别,说明 2 缸高压火花正常,但 2 缸不做功。由此也说明该发动机点火线圈、分电器、高压线没有故障。拆下 4 个缸的火花塞,发现电极处均有黑色积炭,但 2 缸火花塞积炭较严重。用汽缸压力表测量各汽缸压力,发现第 2 缸压力接近 0kPa,其他 3 个缸的压力均为 1100kPa。该车标准汽缸压力为 883 ~ 1226kPa,汽缸之间的压力差不大于 98kPa。

造成汽缸压力低或压力为 0kPa 的原因有:①由于气门、气门弹簧、摇臂、推杆、液压挺柱等损坏,造成气门与座圈之间密封不良;②由于活塞环被积炭卡住、活塞环对口、活塞环断裂、活塞拉缸造成的活塞与汽缸密封不良;③汽缸垫漏气。于是将气门室罩盖拆开,发现 2 缸排气推杆脱出摇臂,将其复位,原地及路试发动机工作均正常,故障排除。

学习项目4　发动机传动带的检查及更换

情景描述

一辆柳州上汽通用五菱轻型载货汽车进入修理厂,车主反映该车最近一段时间运行时产生"吱吱"的响声,而且响声持续不断,经技术人员检查后,确认是发电机传动带工作异常,需要对传动带进行拆卸检查,必要时进行更换。

学习目标

知识目标

1. 知道传动带的作用及工作原理;
2. 知道传动带的类型;
3. 知道传动带的常见故障现象。

技能目标

1. 会使用传动带拆装工具,知道拆装传动带的材料准备;
2. 能按维修手册要求规范拆装传动带;
3. 知道检查判断传动带好坏的方法。

学习内容

1. 就车检查传动带;
2. 规范拆卸传动带;
3. 检查传动带;
4. 更换、安装传动带。

建议课时

12 课时

学习任务　发动机传动带的检查及更换

学习过程

一、任务要求

该任务要求能熟练拆下发电机和水泵传动带,检测传动带是否破损、严重磨损等故障,更换新的传动带并调整传动带张紧力,试车调整是否合适。

二、资料收集

1. 传动带的作用

传动带是汽车动力系统带动发动机旋转,从而产生动力使汽车发动的一个动力带,它是由橡胶和棉帆布、人造丝或钢丝等制成。

在汽车应用方面,传动带主要安装于汽车发动机曲轴皮带轮到凸轮、水泵、发电机、空调压缩机、转向助力泵等位置。

与其他齿轮传动、链条传动相比,传动带具有机构简单、噪声小、成本低等优点,广泛适用于各种机械动力传动。

2. 传动带的分类

汽车上常用的传动带分为摩擦型和啮合型两种,摩擦传动带有 V 型带、多楔带等,啮合传动带有同步带。

1) V 型带

V 型带分为普通 V 带、窄 V 带、宽 V 带、齿形 V 带、联组 V 带、双面 V 带、带楔角 V 带等。其中普通 V 带是应用最广泛的一种传动带,也叫三角带,带与带轮槽之间是 V 形摩擦,传动力矩较大,使用寿命较长,一般正常使用可达 4 万 ~ 5 万 km,传动功率大,结构简单,价格便宜,如图4-1 所示。

图4-1　V 型带

除了普通 V 带,还有一种双 V 带,也叫六角带,用于多从动轮传动,如图4-2 所示。

2) 多楔带

汽车用多楔带是在一根胶带的纵向设有许多楔的特殊 V 带,它采用纤维加强支撑,具有比一般传动带更大的动力传动面,因而具有良好的传动效率。同时,多楔带在工作时噪声很小,可确保其附属设备准确工作,如图4-3 所示。

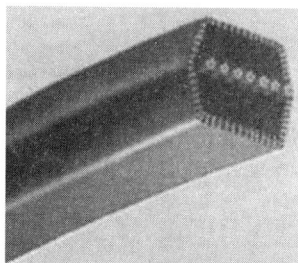

图 4-2　双 V 带

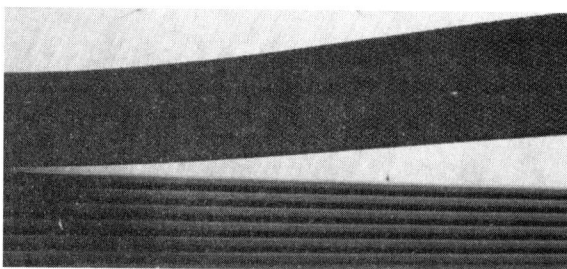

图 4-3　多楔带

多楔带与 V 型带的差别在于：多楔带由多个微型 V 面组成，较宽且较薄，从而使其环绕较小的传动轮时具有较大的柔韧度；就使得多楔带（MICRO－V）能够在"蛇形"传动装置中传递动力。这种传动装置可以驱动多个发动机附件传递动力，如图 4-4 所示。

3）同步带

同步带是通过带上的凸齿与齿轮上的齿槽强制啮合而工作，即当主动带轮转动时通过带齿与带轮的依次啮合将动力传给从动轮，因此主动轮与从动轮的线速度相同。同步带综合了带传动、链传动以及齿轮传动的优点。在汽车上，同步带主要用在发动机时规传动，如图 4-5、图 4-6 所示。

图 4-4　"蛇形"传动

图 4-5　同步带

3. 传动带的结构

1）V 型带的结构

普通的橡胶材质的 V 型带一般由包布层、伸张层（顶胶）、强力层（抗拉层）和压缩层（底胶）等部分构成，如图 4-7 所示。

图 4-6　时规带

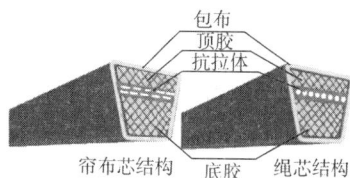

图 4-7　V 型带结构

2)同步带的结构

同步带由橡胶层、线绳和帆布层组成,如图4-8所示。

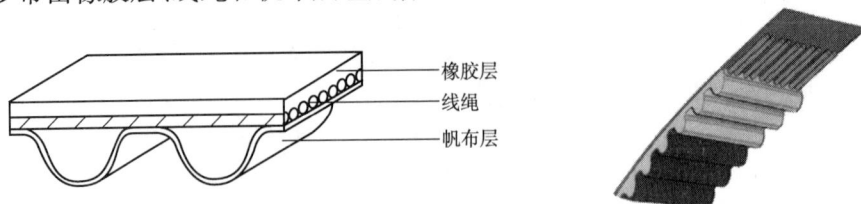

图4-8 同步带结构

4. 传动带的选用与维护

(1)在选择 V 型带时,要根据皮带轮的型号及合适的长度来选择对应的传动带。

(2)在选择多楔带时,应按皮带轮直径、楔槽选用适当规格型号和楔数的多楔带。

(3)在选择同步带时,要求同步带与带轮的齿型相匹配,同步带的带长可以查带长系列。

为了延长带的使用寿命,确保带传动的正常运行,须正确使用和维修,应注意如下几点。

①传动带的使用温度范围为：-40～120℃。

②严防带与矿物油、酸、碱等介质接触,也不宜在阳光下曝晒。

③多根带的传动,坏了少数几根,不要用新带补上,以免新旧带并用,长短不一,受载不均匀而加速新带损坏。这时可用未损坏的旧带补全或全部换新。

④为确保安全,传动装置须设防护罩。

⑤安装时两带轮轴线必须平行,轮槽应对正,否则将加剧带的磨损,甚至使带脱落。安装时先缩小中心距,然后套上 V 带,再作调整,不得硬撬。要是距离不可调,先小再大,最后手动转动带轮,让皮带都进入轮槽中。

⑥安装时要确认带的张紧度,以中心位置有 15mm 的自由活动度为宜。

5. 传动带的常见故障

传动带的常见故障主要表现在早期损坏、异常磨损、背面边框缺口、软化、异响、底部开裂、侧翻等。

三、任务准备

1. 所需的工量具及材料

设备:上汽通用五菱轻型载货汽车一辆。

工量具:扭力扳手、12 号套筒、13 号套筒、14 号套筒、短接杆、快速扳手、12－14 号梅花扳手、13－15 号梅花扳手、撬棒、工具车。

材料:抹布、传动带。

2. 拆装流程分析

1)拆卸顺序

拆下水泵传动带调整螺栓和发电机紧固螺栓→拆卸传动带。

2)安装程序

安装传动带→拧紧发电机紧固螺栓→调整传动带张紧度→拧紧水泵调整螺栓。

四、实施步骤

1. 拆卸传动带

拆卸传动带步骤如表 4-1 所示。

传动带拆卸步骤　　　　　　　　　　　　　表 4-1

（1）任务前准备:实施 5S 管理,准备好维修工具	（2）拉紧驻车制动器,挡位置于空挡位置,安装车辆防护挡件,拉起座椅
（3）松开发电机的固定螺栓和调整螺栓	（4）转动发电机,松开传动带,从发电机皮带轮上取下传动带

2. 检查传动带与皮带轮

检查传动带是否有裂纹、割伤、变形、磨损和脏物,如不能继续使用,则更换新件。检查各皮带轮,是否有破损,如不能继续使用,则更换新件。

3. 安装传动带

安装传动带步骤如表 4-2 所示。

传动带安装步骤　　　　　　　　　　　　　表 4-2

（1）将传动带装入曲轴皮带轮、发电机皮带轮和水泵皮带轮上	（2）调整好传动带张紧力
（3）拧紧发电机的调整螺栓	（4）旋紧发电机固定螺栓

续上表

(5)检查发电机传动带的张紧力	

五、任务检验

起动汽车,使发动机保持在不同工况,观察传动带的工作情况,各工况均工作正常,则证明该传动带更换安装正确。

六、项目评价

项目技能考核评价表如表4-3所示。

技能考核评价表　　　　　　　　表4-3

班级:　　　　　　组别:　　　　　　姓名:

序号	考核内容	配分	评分标准	考核记录	扣分	得分
1	检查工具设备	5	检查不到位酌情扣分			
2	正确使用工具仪器	10	工具使用不当扣10分			
3	拆卸传动带	20	拆卸方法不正确扣10分			
			拆卸顺序不正确扣10分			
4	检查传动带	20	检查方法不正确10扣分			
			检测结果不正确扣10分			
5	安装传动带	20	安装方法不正确扣10分			
			传动带张紧力调整不正确扣10分			
6	检测传动带张紧力	10	检查方法不正确扣10分			
7	遵守安全规程,正确使用工量具,操作现场整洁	10	每项扣2分,扣完为止			
	安全用电,防火,无人身设备事故	5	因操作不当发生重大事故,此题按0分计			
8	分数总计					

七、学习拓展

传动带常见损坏形式,如表4-4、表4-5、表4-6所示。

V带的损坏形式

表4-4

破裂(裂纹):破裂到丝线者(1处以上)	
破裂(剥离):长度方向破裂周长的1/2以上、宽度方向(b)破裂上宽的1/2以上	
磨损:丝线单侧1根以上	
中心层(丝线)脱出:中心层(丝线)脱出50mm以上	

同步带的损坏形式   表4-5

破裂(裂纹):破裂到丝线者(1处以上)	
破裂(剥离):长度方向破裂周长的1/2以上、宽度方向(b)破裂上宽的1/2以上	
磨损:丝线单侧1根以上	
中心层(丝线)脱出:中心层(丝线)脱出50mm以上	

多楔带的损坏形式   表4-6

破裂到楔高的数目为楔数以上	有1处以上的楔损伤

破裂（剥离）	
皮带圆周方向发生 1/2 周长以上的剥离	皮带圆周方向发生 1/2 楔宽以上的剥离

磨损：皮带轮楔尖端磨损到中心层丝线（中心层露出）	

中心层（丝线）脱出：中心层（丝线）脱出 50mm 以上	

学习项目5 发动机润滑油路的清洗、燃油系统的清洗、喷油器的免拆清洗

情景描述

一辆轿车,进入修理厂,车主反映该车发动机工作粗暴,噪声较大,工作温度高,排放不达标,动力不足,油耗大。经班组长的检查分析,需要维修技工根据维修手册相关要求,在规定时间内对发动机润滑系统、燃油系统、喷油器进行清洗,自检完成后交付班组长验收。

学习目标

知识目标

1. 知道润滑系统的组成、作用与工作原理;
2. 熟悉发动机润滑系统免拆清洗机的功能与工作原理;
3. 掌握电控燃油系统的组成、燃油系统的工作原理;
4. 熟悉发动机燃油系统免拆清洗机的功能与工作原理;
5. 熟悉电控发动机喷油器清洗检测仪的功能。

技能目标

1. 能熟练地进行发动机润滑系统免拆清洗机与发动机润滑系统的管路连接;
2. 能熟练地并按规范进行发动机润滑系统免拆清洗机的操作;
3. 能熟练地进行发动机燃油系统免拆清洗机与发动机燃油系统的管路连接;
4. 能熟练做好电控发动机喷油器清洗检测仪设备及材料准备工作;
5. 能熟练地并按规范进行电控发动机喷油器清洗检测仪的操作。

学习内容

1. 润滑系统的组成、作用与工作原理;
2. 发动机润滑系统免拆清洗机的使用方法和操作步骤;
3. 电控燃油系统的组成、喷油器的类型、燃油系统的工作原理;
4. 发动机燃油系统免拆清洗,喷油器清洗检测仪的使用方法。

建议课时

24 课时

学习任务1　发动机润滑油路的清洗

学习过程

一、任务要求

该项目要求熟悉发动机润滑系统免拆清洗机的功能与工作原理,并按规范进行发动机润滑系统免拆清洗机的操作。

二、资料收集

1. 润滑系统的作用

(1)润滑作用:润滑运动零件表面,减小摩擦阻力和磨损,减小发动机的功率消耗。

(2)清洗作用:机油在润滑系统内不断循环,清洗摩擦表面,带走磨屑和其他异物。

(3)冷却作用:机油在润滑系统内循环带走摩擦产生的热量,起到冷却作用。

(4)密封作用:在运动零件之间形成油膜,提高它们的密封性,有利于防止漏气或漏油。

(5)防锈蚀作用:在零件表面形成油膜,对零件表面起保护作用,防止腐蚀生锈。

(6)液压作用:润滑油可用作液压油,起液压作用,如液压挺柱。

(7)减震缓冲作用:在运动零件表面形成油膜,吸收冲击并减小振动,起减震缓冲作用。

2. 润滑方式

(1)压力润滑:利用机油泵,将具有一定压力的润滑油源源不断地送往摩擦表面。例如,曲轴主轴承、连杆轴承及凸轮轴轴承、摇臂等处形成油膜以保证润滑。

(2)飞溅润滑:利用发动机工作时运动零件飞溅起来的油滴或油雾来润滑摩擦表面的润滑方式称为飞溅润滑。可使裸露在外面承受载荷较轻的汽缸壁,相对滑动速度较小的活塞销,以及配气机构的凸轮表面、挺柱等得到润滑。

(3)定期润滑:对于负荷较小的发动机辅助装置则只需定期、定量加注润滑脂进行润滑。例如水泵及发电机轴承等。它不属于润滑系统的工作范畴。近年来在发动机上采用含有耐磨润滑材料(如尼龙、二硫化钼等)的轴承来代替加注润滑脂的轴承。

3. 润滑系统的组成

润滑系统一般由油底壳、机油泵、限压阀、旁通阀、机油滤清器、机油散热器、传感器、机油压力表、温度表等组成,如图5-1所示。

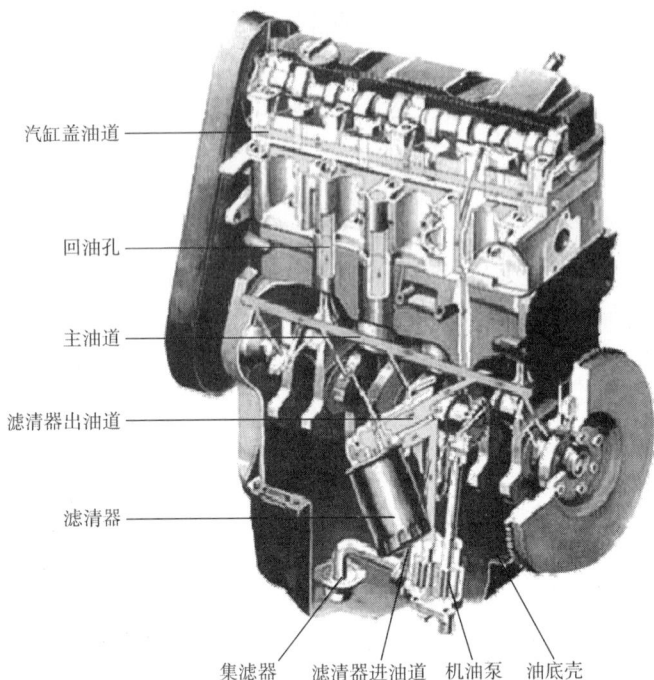

汽缸盖油道

回油孔

主油道

滤清器出油道

滤清器

集滤器　滤清器进油道　机油泵　油底壳

图 5-1　润滑系统的组成

三、任务准备

1. 所需的工量具、材料及资料

设备:别克凯越(丰田威驰、丰田卡罗拉)轿车、GLH－2100 发动机润滑免拆清洗机、零件车、工具车、托油盘、压缩空气管路、气源、工作台、写字台。

工量具:14－16 号开口扳手、14－16 号梅花扳手、三爪可调式机油滤清器扳手、棘轮扳手各一件。

材料:润滑油、干净的抹布,燃油系统清洗剂。

资料:别克凯越(丰田威驰、丰田卡罗拉)轿车发动机润滑免拆清洗技术标准与要求(发动机维修手册)。

2. 清洗流程分析

操作前准备→连接清洗机进行清洗→检验清洗效果。

四、实施步骤

1. 清洗润滑油路

清洗步骤如表 5-1 所示。

2. 填写作业表

学生填写作业表,如表 5-2 所示。

润滑油路清洗步骤

表5-1

（1）将清洗液桶放入机内，并将油管插入桶内	（2）接上压缩空气
（3）将白色滤芯放入透明滤壳，旋紧透明滤壳（注意O形环不要忘记装）	（4）安全将车辆停放至维修工位，拉紧驻车制动器，安装防护挡件
（5）举升车辆，拆下发动机油底壳底部放油螺塞，将发动机内部机油放掉，拆下机油滤芯	（6）从工具盒中找出合适油底壳之螺丝接头，拧进油底壳，将回油管（RETURN）拧入油底壳螺丝接头上。选择与汽车机油滤清器合适之接头和O形环，拧至汽车机油滤芯固定座上，将出油管（PRESSURE）接至机油滤芯的接头

(7)给发动机加清洗液:将转换阀 A 旋至"清洗加注(PRESSURE)"位置,将转换阀 B 旋至"加注(FILLING)"位置 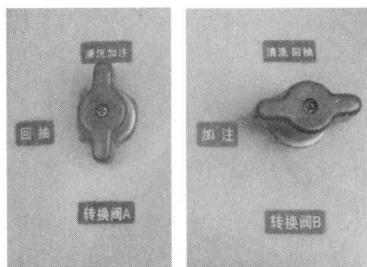	(8)将调压阀旋开,直到压力表 6~8kg/cm^2(80~125psi),开始注油。将调压阀旋钮逆时针方向旋到底,即可结束注油 
(9)循环清洗:转换阀 A 仍停在"清洗加注(PRESSURE)"位置,将转换阀 B 旋至"清洗回抽(CYCLE)"位置,将调压阀的旋钮顺时针方向旋转打开,直到压力表指针指示 60~80psi 时,开始循环清洗,时间约 5min 即可,将调压阀的旋钮逆时针方向旋转关闭,清洗机停止工作,循环清洗过程结束 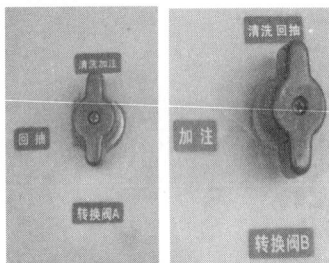	(10)浸泡:转换阀 A 仍停在"清洗加注(PRESSURE)"位置,将转换阀 B 仍停在"清洗回抽(CYCLE)"位置,将调压阀的旋钮逆时针方向旋转关闭,开始浸泡,浸泡时间约 2min,结束浸泡 
(11)回抽清洗液:将转换阀 A 旋钮由"清洗加注(PRESSURE)"位置旋至"回抽(RETURN)"位置,转换阀 B 仍停在"循环清洗回抽(CYCLE)"位置,将调压阀的旋钮顺时针方向旋转打开,直到压力表指针指示 60~80psi 时,且听到清洗机发出"碰碰"响的正常工作声时,开始回抽清洗液直到看见清洗机外侧的滤杯内无清洗液时为止,将调压阀的旋钮逆时针方向旋转关闭,停止清洗机工作结束回抽 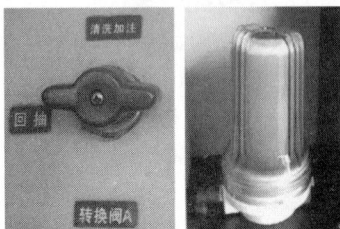	

汽车发动机润滑系统清洗作业表　　　表 5-2

学号			姓名			指导教师		
转换阀 A 位置	加注清洗液		循环清洗		浸泡	再循环清洗		回抽清洗液
转换阀 B 位置								
调压阀								
压力表								
时间								

3. 清洗结束后的复原及检验

（1）将蓝色油管、红色油管、接头螺栓拆下，将原油底壳螺栓拧紧，更换新的机油滤清器。

（2）照原样接好发动机的进回油管，确认油底壳螺栓及新机油滤清器、进回油管已拧紧，再将新的机油加入发动机，起动发动机怠速运转 1min 后，关掉发动机，再检查机油尺油量是否足够，不足则加够。

（3）检查各处安装是否到位，有无渗漏油现象。起动发动机，感觉应比清洗前在噪声、异响、排放、动力、油耗等方面有好转。

五、学习拓展

润滑系统除了用清洗机清洗外，另外还有两种方法比较常见。

（1）往旧机油里加入专用清洗剂清洗后和旧机油一起放掉，步骤如下：

①起动发动机至正常温度后熄火；

②将清洗剂加入曲轴箱内，怠速运转 5～10min；

③将旧机油排出，加入新机油。

（2）放完旧机油后加入清洗油清洗后再加新机油，步骤如下：

①放掉旧机油；

②加入专用清洗油至油尺正常刻度；

③起动发动机，怠速运转 20～30min；

④放掉清洗油，加入新机油。

学习任务 2　燃油系统的清洗

学习过程

一、任务要求

该项目要求操作前先断开汽油泵的连接管路，然后拆下进回油口的管路并连接清洗机；检查发动机工作是否正常、进回油口处是否有漏油现象。装复后各项指标都应符合维修手册的相关规定。

二、资料收集

1. 燃油系统介绍

（1）燃油系统的组成，如图5-2所示。

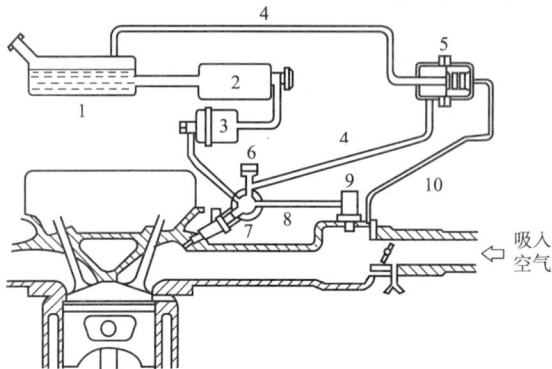

图5-2　燃油系的组成

1-燃油箱；2-电动燃油泵；3-燃油滤清器；4-回油管；5-燃油压力调节器；6-油压脉动阻尼器；7-喷油器；8-输油管；9-冷起动喷油器；10-真空管

（2）功用：汽油机电控燃油供给系统的功用是向发动机及时供应各种工况下燃烧所需要的燃油。电子控制单元ECU接收各种传感器输出的发动机工况信号，确定适应发动机工况的喷油时刻、喷油脉宽等参数，完成喷油器的喷油量控制、喷油正时控制和断油控制，从而使发动机保持最佳运行状态。

（3）工作原理：电动汽油泵将汽油从燃油箱中吸出并加压后，经汽油滤清器、燃油分配管输送到各喷油器，在ECU的控制下向各进气管中喷射，多余的汽油经燃油压力调节器流回燃油箱，其流程如图5-3所示。

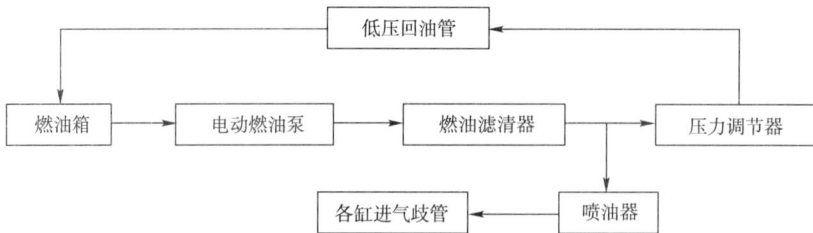

图5-3　燃油系统流程图

2. 清洗燃油系统的目的

汽车在冷车状态下燃烧很容易形成部分氧化的化合物，串入曲轴箱或缩合成不溶于油的液滴，液滴附着在燃烧室表面，受热转化为半固体、固体的漆膜状高温沉积物，牢牢地黏附在金属表面，再掺和油烟形成积炭，另外汽油氧化后，还可形成胶状低温沉淀物，掺和水、无机物、油烟和灰尘等乳化后生成油泥。汽车若经常处于过渡工况（如道路堵车、时走时停)则更容易生成胶状沉淀物。这些沉积物会堵塞汽车发动机燃油油道,如果汽车进排气门、喷油嘴、火花塞等零件有积炭,将会造成整车动力性大大下降,燃烧不充分,加速无力,严重时怠速熄火。

3. 发动机燃油系统免拆清洗机的功用与原理

发动机燃油系统免拆清洗机是利用高压空气驱动的气动泵工作,将清洗机燃油罐中的清洗液吸出并压入发动机燃油系统的进油管中。当发动机工作时,清洗机燃油罐相当于汽车的油箱,气动泵相当于发动机燃油泵,此时,在整个燃油系统循环的是加清洗剂的清洗液,清洗剂能有效地清除发动机燃油系统中的积炭、油泥、胶质及漆类等污染物,经燃烧后从汽车排放系统排出。

三、任务准备

1. 所需的工量具及材料

设备:别克凯越(丰田威驰、丰田卡罗拉)轿车、GX-1000A 汽车发动机燃油系统免拆清洗机、零件车、工具车、压缩空气管路、气源、工作台、写字台。

工量具:14-16 号开口扳手、15-17 号开口扳手各二件、鲤鱼钳、直径 5mm 内六方接头、接杆、棘轮扳手、一字或十字螺丝刀各一件。

材料:汽油、干净的抹布、燃油系统清洗剂。

资料:别克凯越发动机燃油免拆清洗技术标准与要求(发动机维修手册)。

2. 拆装流程分析

1)拆卸顺序

断开汽油泵→泄压→拆进油管并堵住→拆回油管并堵住。

2)清洗和安装程序

连接清洗机→将混合好的燃油和清洗液的混合液加入储油桶→操作清洗机进行清洗→清洗完后移除清洗机→装复进回油管→连通汽油泵→检查清洗效果。

四、实施步骤

燃油系统清洗操作步骤,如表5-3所示。

燃油系统清洗操作步骤 表5-3

(1)热机后熄火,断开汽油泵(线束、保险或继电器)并松开油箱盖	(2)按下汽油泵线束卡子并拔下

（3）在燃油分配管处拆进油管后把进油管堵住 	（4）将清洗机上的蓝色和橙色管分别连到燃油分配管进油口和回油口 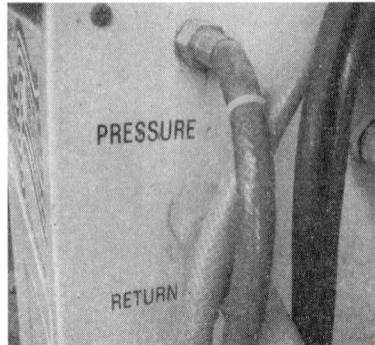
（5）将混合好的燃油和清洗液的混合液加入储油桶，四缸发动机油面高度加至4CYI刻度处，六缸加至6CYI 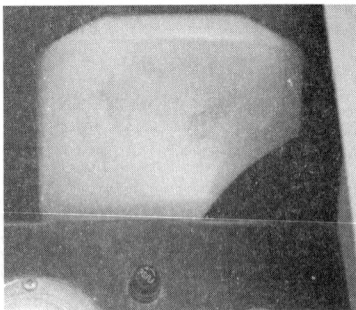	（6）各旋钮（两蓝色）均旋至关的状态，接通电源后按红色按钮 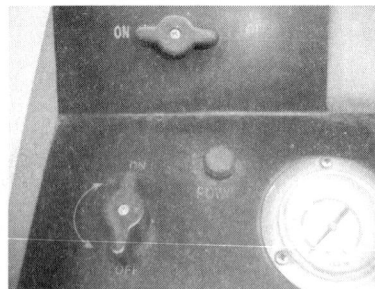
（7）将上面的蓝色旋钮旋至"ON"位置，调整下面的蓝色旋钮（油压调节旋钮）注意观察压力表，根据需要调至合适压力，一般调至2.5～3kg/cm²	（8）起动发动机。清洗过程中先10min怠速再5min高速清洗，最后再恢复怠速。当清洗完毕时汽车会自动熄火，先关掉清洗机，再将汽车点火开关关闭
（9）先逆时针旋转油压调节阀减压后再拆除接头，照原样接好发动机的进回油管，接通汽油泵，起动发动机并适当加速，检查各接头处及管路是否渗、漏油 	

五、学习拓展

　　燃油系统免拆清洗除了用立式发动机燃油系统免拆清洗机外,还广泛使用"打吊瓶"的方法进行清洗,步骤与立式发动机燃油系统免拆清洗机几乎一样,但设备价格比立式发动机燃油系统免拆清洗机便宜。操作步骤如下。

　　(1)检查车辆有无故障,确定各油管、熔丝及相关零件的位置。

　　(2)确保发动机冷却液温度在80~100℃。

　　(3)断开油泵电路并松开油箱盖。

　　(4)为降低燃油管压力,起动发动机,几秒钟后发动机将自行熄火。

　　(5)找到发动机进油管。

　　(6)寻找适用的接头及替代管,另一端接上清洗设备的出口。

　　(7)若有回油管,请断开油压调整器上的真空橡皮管,并将真空橡皮管与调压阀堵住,以截断回油端,使清洗剂不会透过回流管流回到油箱。

　　(8)确认清洗设备。

　　(9)将燃油管路清洗剂倒入清洗设备中,并将上方的加液/排气功能阀锁紧。

　　(10)设备挂在发动机盖下方并接上压缩空气。

　　(11)调节管路压力到范围值。压力规范请参阅相关维修手册。

　　(12)打开油路阀,检查管路有无泄漏。

　　(13)起动发动机怠速运转,直至发动机自行熄火为止。

　　清洗发动机燃油系统还有更简单的办法,就是选用有相应功能的燃油高效添加剂按比例加入油箱,发动机在正常工作时就可以对燃油系统进行清洗了。

学习任务3　喷油器的清洗

学习过程

一、任务要求

　　该项目要求拆下喷油器并对其进行清洗,且根据维修手册要求进行装复;各项指标均要符合相关规定。

二、资料收集

　　1.燃油系统的组成

　　燃油系统包括储油箱、高低压管路、油压调节器、汽油泵、汽油滤清器和喷油器等。

　　2.喷油器的分类

　　(1)按喷油口的结构不同,分孔式和轴针式。

(2)按喷油器的驱动方式不同,分电流驱动和电压驱动两种。

(3)按其线圈的电阻值可分为高阻(电阻为 $12 \sim 17\Omega$)和低阻(电阻为 $2 \sim 3\Omega$)两种类型。

(4)按喷孔的数量不同,分单孔式、双孔式和环孔式。

3.清洗喷油器的目的

电喷车燃油系统中的沉积物有很大的危害性,它会影响到电子喷油系统高精密度部件的工作性能。如会导致发动机的动力下降;还会在进气阀中形成积炭导致其关闭不严,导致发动机的怠速不稳;油耗增大,排放超标;同时还会在活塞顶汽缸盖形成积炭。由于积炭的热容量高而导热性能差,容易引起发动机的爆震;缩短三元催化器的寿命。因此,喷油器工作的好坏,对每台发动机的功率发挥起着决定性的作用。因此要定期清洗喷油器。

4.熟悉电控发动机喷油器清洗检测仪的功能

(1)超声波清洗功能:同时对多个喷油器进行强力洗,彻底清除喷油器上的顽固积炭。

(2)均匀性检测功能:检测同一车辆多个喷油器喷油量的均匀性。

(3)雾化性检测功能:观测各个喷油器的雾化情况和喷油角度。

(4)密封性检测功能:检测喷油器的密封性及滴漏情况。

(5)喷油量检测功能:检测喷油器在各种工况下的喷油量情况。

(6)自动清洗检测功能:在特定的工况参数下,真实模拟喷油器在各种工况下的测试。

三、任务准备

1.所需的工量具、材料及资料

设备:别克凯越(丰田威驰、丰田卡罗拉)轿车、喷油器清洗检测仪、零件车、工具车、托油盘、压缩空气管路、气源、工作台、写字台。

工量具:14 - 16 号开口扳手、15 - 17 号开口扳手各二件、鲤鱼钳、直径 5mm 内六方接头、接杆、棘轮扳手、一字或十字螺丝刀各一件。

材料:汽油、干净的抹布、燃油系统清洗剂。

资料:桑塔纳轿车发动机喷油器的免拆清洗技术标准与要求(桑塔纳轿车发动机维修手册)。

2.拆装清洗流程分析

拆卸喷油器→按要求检查清洗喷油器→装复喷油器→检验清洗效果。

四、实施步骤

1.拆卸喷油器(表5-4)

拆卸喷油器步骤   表5-4

(1)任务前准备:实施5S管理,准备好维修拆装工具	(2)将车辆安全停放至维修工位,拉紧驻车制动器,挡位置于空挡,安装车辆防护挡件

续上表

(3)拔下连接喷油器线束插头,拆下时注意压下旁边的卡子 	(4)向上拔下喷油嘴电源线固定在支架螺母上的塑料套
(5)用10#梅花扳手拆喷油总管的固定支架螺母。取下喷油总管 	(6)取下的喷油器

2.清洗、检查喷油器并装复检验(表5-5)

清洗、检查喷油器并装复检验步骤

表5-5

(1)打开喷油器清洗检测仪右侧的电源开关(显示窗最终显示2000) 	(2)超声波清洗:把喷油器插在超声波清洗槽架上,清洗液加至规定高度(液面高度一般是清洗槽深度的二分之一),按下超声波清洗机开关,再按主机面板上"手动"键,灯亮即可开始清洗
(3)使用自动检测清洗分析,先按油泵键启动油泵,并把压力调至被检车系统油压规定的范围(最好高10%),然后按自动检测键	(4)检查喷油器清洗干净,装复喷油器应到位。起动发动机,发动机运转应正常

五、教学评价

对本学习任务进行评价,学生技能考核表如表5-6所示。

技能考核评价表 表5-6

班级: 　　　　　　组别: 　　　　　　　　姓名:

序号	考核内容	配分	评分标准	考核记录	扣分	得分
1	正确使用工量具	15	工具使用错误扣10分			
2	拆卸顺序,要求符合标准	10	拆卸顺序错误一次扣5分			
3	清洗检测步骤完整,清洗到位	55	每失当一处扣5分			
4	装配顺序、力矩要求合适	10	装配顺序错误一次扣5分			
5	操作规范、有序、不超矩	10	每项扣3分扣完为止			
	遵守安全规范、无人身、设备事故		有人身、设备事故的此项为0分			
6	分数统计					

六、学习拓展

手工清洗喷油器步骤如表5-7所示。

手工清洗喷油器步骤 表5-7

(1)清洗时注意把密封圈取下来	(2)用化油器清洗剂浸泡半小时

学习项目 6　柴油泵的检修

情景描述

　　一辆货车进入维修厂,车主反映最近车辆载货的时候,发动机有怠速不稳、动力不足、加速不良等情况,且伴有排气管冒黑烟,起动困难等现象,据车主描述车辆两年多没有保养,经分析是由于油泵工作时间过长,柴油油泥变多,管路脏堵,油水分离器及柴油滤芯过滤不良,造成柱塞卡死或磨损,现需要维修技工根据维修手册相关要求,在规定时间内对油泵进行拆卸检查或更换,自检完成后交付班组长验收。

学习目标

⭐ 知识目标
1. 知道柴油发动机燃料供给系统的组成及作用;
2. 知道喷油泵的作用及类型;
3. 知道柱塞式喷油泵的结构组成及工作原理;
4. 知道柱塞式喷油泵的拆装及检修过程。

⭐ 技能目标
1. 能熟练做好柴油发动机喷油泵拆装工量具及材料准备工作;
2. 能熟练地按对应车型的维修手册规范要求拆装柴油发动机喷油泵;
3. 能熟练地按对应车型的维修手册规范要求检修柴油发动机喷油泵;
4. 操作过程中要保持场地整洁及工量具有序放置,养成良好的职业素养,操作完毕清洁工量具及操作场地。

学习内容

1. 柴油发动机燃料供给系统的组成及作用;
2. 喷油泵的作用及类型;
3. 柱塞式喷油泵的结构组成及工作原理;
4. 柱塞式喷油泵的拆装过程及注意事项;
5. 按技术要求完成柱塞式喷油泵的检修内容。

建议课时

12 课时

学习任务 柴油泵的检修

学习过程

一、任务要求

该项目要求拆下输油泵、侧窗盖板、柱塞弹簧、柱塞偶件、出油阀偶件,用汽油清洗后检查部件外观的磨损情况,并根据维修手册要求进行装复;柱塞偶件、出油阀偶件之间的配合要符合相关规定。

二、资料收集

1. 柴油发动机燃料供给系统的组成

柴油发动机燃料供给系统主要由油箱、输油泵、滤清器、喷油泵、喷油器、油管组成,如图6-1和图6-2所示。

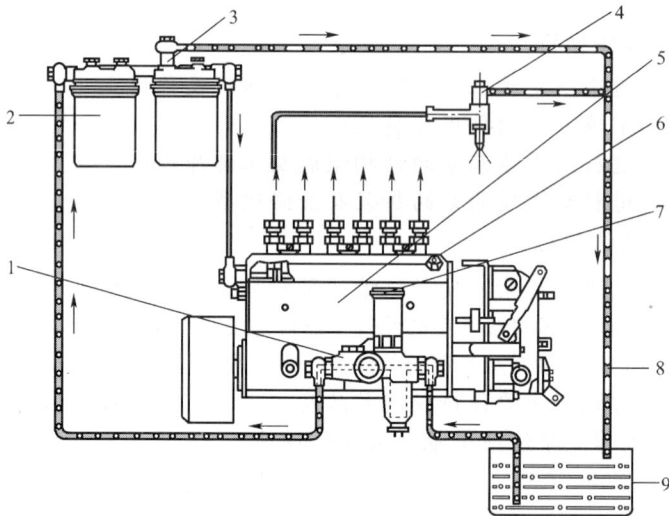

图6-1 燃料供给系统的组成

1-输油泵;2-滤清器;3-回油管接头;4-喷油器;5-喷油泵;6-放气螺钉;7-手油泵拉钮;8-回油管;9-油箱

1)燃油箱

存储柴油的油箱,如图6-3所示。

2)滤清器

过滤柴油的柴油滤清器可以将燃油过滤干净,如图6-4所示。

3)输油泵

输油泵是"搬运工",运送燃油不停歇能保证低压油路中柴油的正常流动,如图6-5所示。

图 6-2   燃料供给系统外观

图 6-3   燃油箱

图 6-4   滤清器

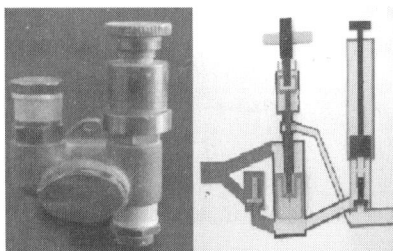

图 6-5   输油泵

4）输油管

输油管是"大马路"，燃油走得很轻松，如图 6-6 所示。

5）喷油泵

喷油泵将低压的燃油变成高压并定时、定量地向喷油器输送燃油，如图 6-7 所示。

图 6-6   输油管

图 6-7   喷油泵

6）喷油器

喷油器将柴油雾化成较细的颗粒，并把它们分布到燃烧室内，如图 6-8 所示。

2.喷油泵的功用

（1）提高油压（定压）：将喷油压力提高到 10～20MPa。

（2）控制喷油时间（定时）：按规定的时间喷油和停止喷油。

（3）控制喷油量（定量）：根据柴油机的工作情况，改变喷油量的多少，以调节柴油机的转速和功率。

3. 喷油泵的分类

（1）柱塞式喷油泵。

（2）泵—喷油器式，将喷油泵和喷油器结合在一起。

（3）转子分配式喷油泵。

4. 柱塞式喷油泵

柱塞式喷油泵由分泵、油量调节机构、驱动机构、泵体（壳体）四部分组成，其构造如图6-9所示。

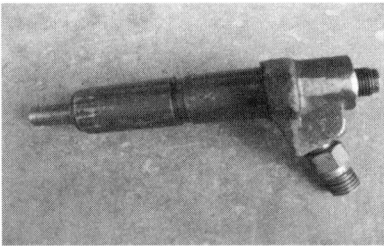

图6-8　喷油器

图6-9　柱塞式喷油泵的构造

1）分泵

分泵由柱塞、柱塞套筒、复位弹簧、弹簧座、出油阀、出油阀座、出油阀弹簧、出油阀压紧螺帽等零件组成，如图6-10所示。

① 出油阀的构造。

a. 出油阀和阀座是精密偶件，采用优质合金钢制造，其导孔、上下端面及座孔经过精密的加工和研磨，配对以后不能互换，如图6-11所示。

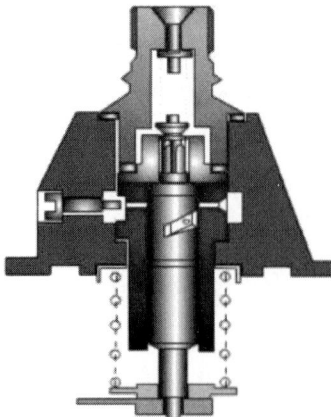

图6-10　分泵

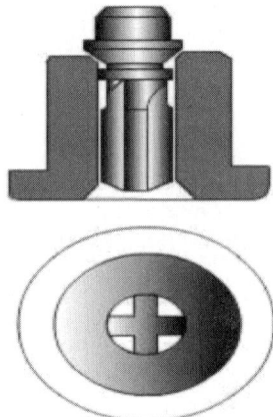

图6-11　出油阀的构造

b. 出油阀的圆锥部分是阀的轴向密封锥面，阀的锥部在导孔中滑动配合起导向作用。尾部加工有切槽,形成十字形断面,以便使燃油通过。出油阀中部的圆柱面叫减压带,它与密封锥面间形成了一个减压容积。

c. 阀座的下端面和柱塞套筒的上端面是精密加工严密贴合,它是通过压紧螺帽以规定的扭紧力矩来压紧的。压紧螺帽与阀座之间有一定厚度的铜制高压密封垫圈。出油阀压紧螺帽和壳体上端面间还有低压密封垫圈。

d. 在出油阀压紧螺帽内腔装有带槽的减容器,以减小内腔空间的容积,促进喷停迅速,限制出油阀最大升程的作用。

②出油阀的作用。

a. 防止喷油前滴油,提高喷射速度:喷油泵供油时,待油压高于出油阀弹簧的预紧力和高压油管内的残余压力后,出油阀升起,其密封锥面离开阀座。必须等到出油阀上的减压带完全离开阀座的导向孔时,泵油室的燃油才能进入高压油管。

b. 防止喷油后滴油,提高关闭速度:停止供油时,出油阀减压带的下沿一进入导管时,高压油管与泵室的通路便被切断。当出油阀完全座落后下降了一距离 h,因而高压油管的容积得到增大,使油压迅速地下降 $1 \sim 2$MPa,断油迅速干脆,防止了因油压的波动和"管缩油涨"而产生喷后滴油。

c. 防止燃油倒流,使高压油管内保持一定的残余压力。

③柱塞副的结构(图 6-12)。

a. 柱塞为一光滑的圆柱体,在其上部铣有螺旋槽或斜槽,并利用直切槽或中心孔(轴向孔和径向孔)使槽和柱塞上端的泵油室相通。柱塞的下部制有安装弹簧座的圆柱体和十字凸块(或压入调节臂),以便使柱塞能往复运动,调节供油量。

b. 柱塞套筒为光滑的圆柱形长孔,套筒上部开有一个进油和回油用的小孔,或开有两个径向孔,两孔进油一孔回油,它们与壳体上的低压进油室相通。

c. 柱塞套筒装在壳体座孔内,并用定位螺钉和定位孔来固定,以防止柱塞套筒转动。

d. 柱塞和柱塞套筒是一对精密的偶件,不能互换。柱塞副用耐磨性高的优质合金钢(轴承钢)制成,并进行热处理和时效处理。

④柱塞的进油、压油、回油过程(图 6-13)。

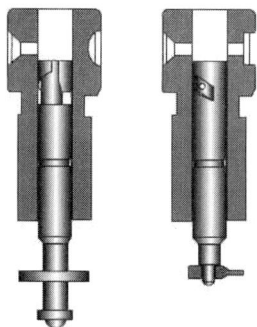

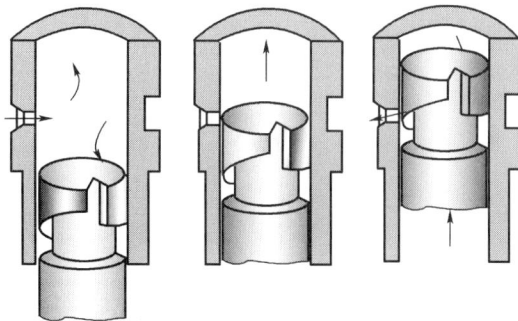

图 6-12　柱塞副的结构　　　　　图 6-13　柱塞式喷油泵的进油、压油、回油过程

a.进油过程:柱塞从下止点至进油孔以下时,燃油在真空吸力及输油泵的压力下充满泵油室。

b.压油过程:当柱塞从下止点向上移动到将进油孔关闭时,泵油室内的燃油压力将骤然升高,推开出油阀,将高压油压入高压油管。

c.回油过程:当柱塞上移到螺旋槽线或斜槽上线高出进油孔的下沿时,高压有通过柱塞上的直槽或中心孔高速流回低压油室。由于泵油室内的油压急剧下降,出油阀在弹簧和残余压力的作用下迅速回位,油泵停止供油。柱塞继续上升,直到上止点为止,都是回油过程。

⑤供油量的调节。

转动柱塞可使有效行程和每一循环的供油量发生变化。

发动机在各种工况时,柱塞的螺旋线或斜槽上线相对于回油孔的位置:

a.熄火位置:螺旋槽的直切槽对正回油孔,供油量等于零。

b.怠速位置:螺旋线或斜槽上线的上部对正进回油孔。

c.中等负荷位置:螺旋线或斜槽上线的中部对正进回油孔。

d.全负荷位置:螺旋线或斜槽上线的下部对正进回油孔,有效行程达额定值。

e.留有余地的位置:额定供油量的位置不是在螺旋线或斜槽上线的最下端,而是偏上一些。

2)油量调节机构

①油量调节机构的作用:执行驾驶员或调速器的指令,转动柱塞改变各分泵的供油量,以适应柴油机负荷和转速变化的需要。并通过它来调整各缸供油的均匀性。

②油量调节机构型式。

a.拨叉式油量调节机构:由调节臂、调节叉、供油拉杆组成,如图6-14所示。驾驶员或调速器轴向移动供油拉杆时,拨叉带动调节臂相对柱塞套转动,从而调节了供油量。当各缸供油量不等时,可松开固定螺钉改变拨叉在供油拉杆上的位置予以调整。

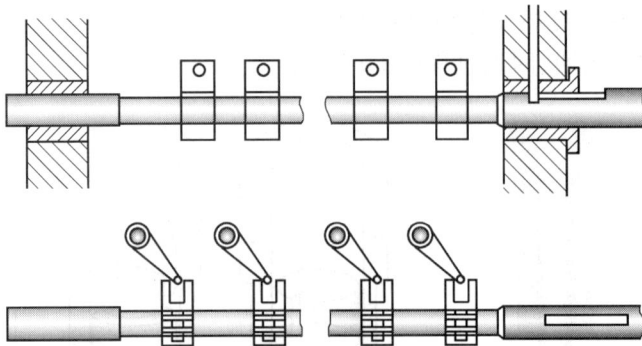

图6-14　拨叉式油量调节机构

b.齿杆式油量调节机构:由齿杆、齿扇和传动套等组成,如图6-15所示。齿杆的轴向位置由驾驶员或调速器控制,齿扇通过传动套带动柱塞套筒相对于柱塞套筒转动,便可调节供油量。各缸供油均匀性的调整,是通过改变齿扇与传动套圆周方向的相对位置来实现。

由于齿杆式油量调节机构零件较多,为了保证各分泵柱塞和齿杆位置一致,各分泵柱塞的传动套、齿扇、齿杆柱塞都有装配位置记号,如图 6-16 所示,装配时记号对齐。

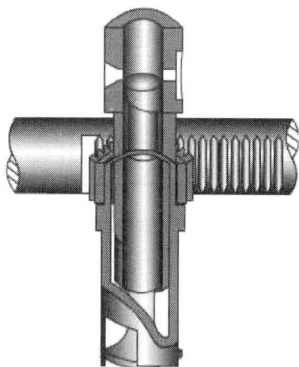

图 6-15　齿杆式油量调节机构

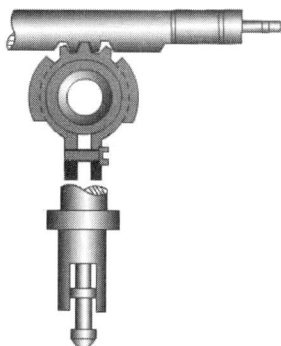

图 6-16　油量调节机构的装配标记

3)驱动机构

①作用。

a. 推动柱塞往复运动,完成进油、压油、回油过程。

b. 保证供油正时。

②组成:凸轮轴、滚轮体。

a. 凸轮轴:功用是传送推力使柱塞运动,产生高压油。同时保证各分泵按柴油机的工作顺序和一定的规律供油。凸轮轴的构造,如图 6-17 所示。

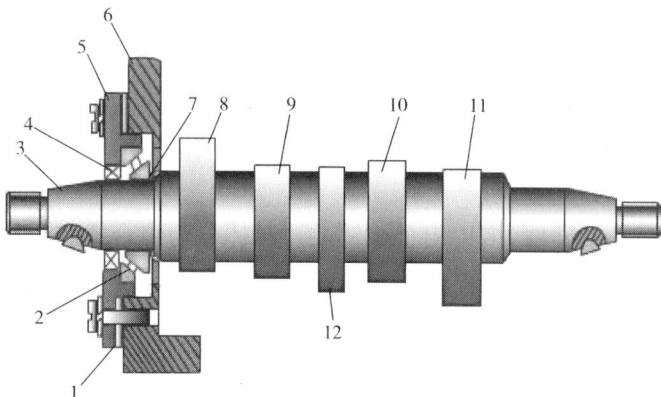

图 6-17　凸轮轴的构造

1-密封调整垫;2-锥形滚柱轴承;3-连接锥面;4-油封;5-前端盖;6-壳体;7-调整垫;8、9、10、11-凸轮;12-输油泵偏心轮

b. 滚轮体传动件:功能是变凸轮的旋转运动为自身的直线往复运动,推动柱塞上行供油。调整各分泵的供油提前角和供油间隔角,类型如图 6-18 及图 6-19 所示。

调整垫块式滚轮体是带有滑动配合衬套的滚轮体松套在滚轮轴上,滚轮轴也松套在滚轮架的座孔中,因此相对运动发生在三处,相对滑动的相应降低,减轻了磨损,且磨损均匀。

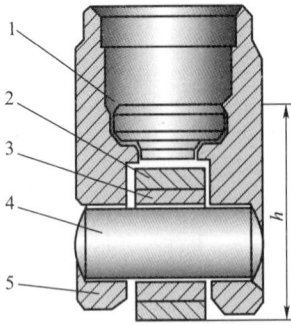

图 6-18　调整垫块式滚轮体　　　　　　　图 6-19　调整螺钉式滚轮体

1-调整垫块;2-滚轮;3-滚轮衬套;4-滚轮轴;5-滚轮架　　　1-滚轮轴;2-滚轮;3-滚轮架;4-锁紧螺母;5-调整螺钉

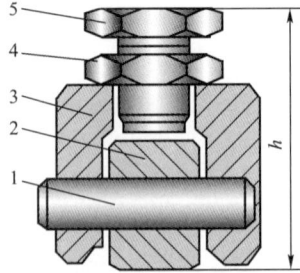

滚轮体的周向定位方法:一是在滚轮体圆柱面上开轴向孔,用定位螺钉插入槽中防止转动,二是利用加长滚轮轴,使其一端插入壳体导孔一侧的滑槽中。

调整垫块安装在滚轮架的座孔中,用耐磨材料制成,磨损后可翻转使用。制有不同厚度的垫块,厚度差为 0.1mm,相应凸轮轴转角为 0.5°,反映到曲轴上为 1°。

调整螺钉式滚轮体在滚轮架上端有工作高度可调节的调整螺钉,拧出调整螺钉,h 值增大,供油提前角即增大;拧入螺钉,h 值减小,供油提前角即减小。

③供油提前角调整必要性。

若柱塞下端、垫块、滚轮和凸轮磨损,则滚轮体的工作高度变小,供油提前角减小,供油起始角减小,凸轮与滚轮的接触点(供油始点)即上移,喷油始点压力、喷油持续时间长短、每一循环供油量的多少将发生变化,因此必须定期地对供油提前角进行检查和调整。

④供油提前角的调整方法。

a. 对单个分泵进行调整,使分泵供油提前角一致,供油间隔角度相等。

b. 对整个喷油泵进行统一调整,达到柴油机规定的供油提前角的要求。

4)泵体

泵体是喷油泵的基础件,多用铝合金铸成。泵体分为组合式和整体式两种。

组合式有上下两部分,用螺栓连接在一起。上体安装分泵,下体安装驱动件和油量调节件。

整体式泵体可使刚度加大,在较高的喷油压力下工作而不变形。但分泵和驱动件等零件的拆装较麻烦。

三、任务准备

1. 所需的工量具及材料

设备:柱塞式喷油泵、喷油泵试验台、工作平台。

工量具:数字式扭力扳手、10 号套筒、12 号套筒、24 号套筒、短接杆、快速扳手、小平铲、一字螺丝刀、十字螺丝刀、尖嘴钳、10 号梅花扳手、12 号梅花扳手。

材料:抹布、密封胶、密封垫、柴油、木条。

2.拆装流程分析

1)拆卸顺序

拆卸输油泵→拆卸侧窗盖板→依次拆卸1－6缸各柱塞弹簧座→拆卸高压油管接头→拆卸减容器→拆出出油阀弹簧→拆卸出油阀偶件→拆卸柱塞及柱塞套→拆卸柱塞弹簧。

2)安装程序

安装柱塞弹簧→安装柱塞及柱塞套→安装出油阀偶件→安装出油阀弹簧→安装减容器→安装高压油管接头→安装柱塞弹簧座→安装侧窗盖板→安装输油泵。

四、任务实施

1.拆卸喷油泵柱塞及出油阀步骤(表6-1)

拆卸喷油泵柱塞及出油阀步骤　　　　　　　　表6-1

(1)准备工作:整理工位,常用工具,专用工具的准备。按照维修手册规范拆装技术要求从车上拆下喷油泵并用清洁柴油清洗干净	(2)拆卸输油泵
(3)分解检查输油泵	(4)将喷油泵侧放,拆下窗口盖板,并清洁油泵表面

续上表

（5）转动凸轮轴，使某缸滚轮挺柱到下止点，然后用 U 型夹板或螺丝刀撬起柱塞弹簧，使之与弹簧座脱离，用尖嘴钳从侧面取下弹簧座	（6）拆下高压油管接头，然后用镊子依次取出减容器、出油阀弹簧、出油阀偶件，将柱塞和柱塞套一起从泵体上方的座孔内取出
（7）拆下的柱塞和柱塞套、出油阀弹簧、出油阀偶件等并摆放整齐。根据需要，可从检视窗取出柱塞弹簧、油量控制套筒、滚轮挺柱等零件，并按以上方法拆下其他缸的柱塞偶件及出油阀偶件等	

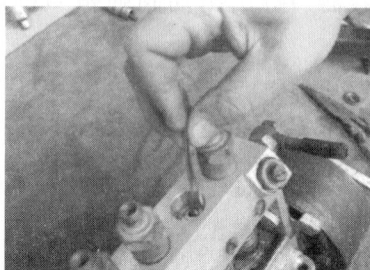

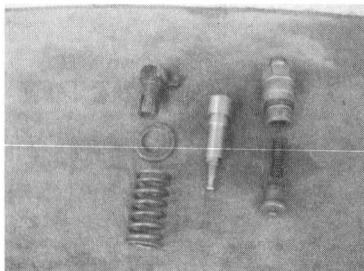

2. 清洁检查喷油泵零部件（表6-2）

清洁检查喷油泵零部件 表6-2

（1）将拆下的柱塞偶件及出油阀偶件用清洁的柴油把零件清洗干净。建议每缸零件单独用一个容器清洗，以免零件搞错。清洗并检查各零件的情况，有损坏的要更换新件	（2）检查泵体有无损坏或裂纹。检查柱塞弹簧，若有变形或折断，应更换

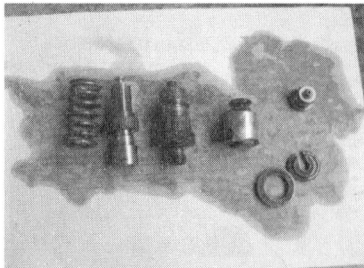

74

续上表

（3）检查柱塞若工作面有刻痕、腐蚀或柱塞弯曲、变形等现象,应予以更换。同时检查柱塞偶件的配合情况。目测检查出油阀偶件工作面不应有刻痕及锈蚀,密封锥面应光泽明亮、完整连续,出油阀垫片应完好无损,否则应予更换 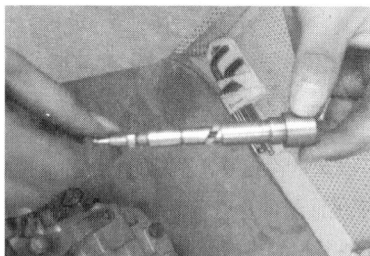	

3. 喷油泵的装配

A 型喷油泵的装配过程与其拆卸过程相反,这里不再赘述。A 型喷油泵在装配过程中需注意如下事项。

（1）喷油泵控制套的定位。

（2）喷油泵柱塞控制壁上的安装记号朝向窗口。

（3）喷油泵油量控制齿条与油量控制齿圈的啮合位置应居中。

4. 喷油泵的调试（表 6-3）

喷 油 泵 的 调 试 表 6-3

（1）安装喷油泵时,联轴器的连接、喷油泵的安装应牢固、稳定、可靠,试验台主轴与喷油泵轴同轴。连接好油泵与试验台的高压油管、进油管、回油管,以及气管等部件。然后开始测试 	（2）供油量检查及调整:设置参数后,开始测试 

（3）各缸供油量测试结果。第二缸供油量偏少，需要调整 	（4）调整第二缸供油量，然后重新测试
（5）多次调整后各缸供油量测试结果。各缸喷油量趋于均匀，完成调试 	（6）供油量检查及调整项目。 额定供油量的检查及调整：试验台主轴升至额定转速（油泵型号不同、转速也不同）。 怠速供油量的检查及调整：试验台主轴降至怠速转速。 起动油量的检查与调整：试验台主轴调至起动转速（一般200r/min）。 测试时根据油泵型号所规定的技术参数来进行
（7）复核工作。 经过反复的调校，使喷油泵的各项性能参数处于规定差值就算调试完成啦。剩下的就是把调试好的喷油泵按技术规定安装到发动机上试运行，发动机运转时检查高压油管等是否拧紧不再漏油，然后根据发动机运转情况判断喷油泵故障是否解除	

五、项目评价

对本学习任务进行评价，学生技能考核表如表6-4所示。

技能考核评价表　　　　　　　　　　　　　　表6-4

班级：　　　　　　　组别：　　　　　　　姓名：

序号	考核内容	配分	评分标准	考核记录	扣分	得分
1	正确使用工量具	20	工具使用错误扣10分			
			量具使用错误扣10分			
2	拆卸顺序，要求符合标准	30	拆卸顺序错误一次扣5分			
3	装配顺序间隙检查、力矩要求合适	40	装配顺序错误一次扣5分			

续上表

序号	考核内容	配分	评分标准	考核记录	扣分	得分
4	操作规范、有序	10	每项扣3分扣完为止			
	遵守安全规范、无人身、设备事故		有人身、设备事故的此项为0分			
5	分数统计					

六、学习拓展

柴油机供油正时

供油正时是指喷油泵正确的供油时间,一般用供油提前角表示。供油提前角,是指喷油泵第1缸柱塞开始供油时,该缸活塞距压缩终了上止点曲轴或凸轮轴的转角。柴油在汽缸中燃烧存在着着火落后期,要想使活塞在压缩终了上止点附近获得最大爆发压力,喷油器必须在该上止点前开始喷油。喷油泵向喷油器供油时,由于高压油管的弹性变形和压力的升高及传递都需要一定时间,因而开始供油时间比开始喷油时间还要提前。

供油提前角的大小,对柴油机的工作过程影响很大。当供油提前角过大时,汽缸内的速燃期在压缩终了上止点以前发生,亦即汽缸内爆发压力的峰值在活塞到达上止点以前出现,这将造成功率下降、工作粗暴、油耗增加、着火敲击声严重、怠速不良、加速无力及起动困难等现象。当供油提前角过小时,汽缸内的速燃期在压缩终了上止点以后较远处发生,使爆发压力的峰值降低,同样造成功率下降、油耗增加、加速无力等现象,且会引起发动机过热。

因此,柴油发动机具有一个最佳供油提前角是非常重要的。所谓最佳供油提前角,是指在转速和供油量一定的情况下,能获得最大功率、最小耗油率和最佳排气净化的供油提前角。运行中的柴油车,其发动机的最佳供油提前角应随转速和供油量的变化而变化。当转速越高、供油量越大时,最佳供油提前角也应越大。为此,有些柴油机的喷油泵上装有供油提前角自动调节器,能在初始供油提前角的基础上,随转速的变化自动调节;也有些柴油机仅能根据常用工况(转速和供油量)确定一个固定的最佳供油提前角,使用中不再发生变化。

常见车型的供油顺序和供油提前角,如表6-5所示。

常见车型的供油顺序和供油提前角   表6-5

车 型	供油顺序	供油提前角
黄河 JN1150/100	1－5－3－6－2－4	28°~30°
黄河 JN1150/106	1－5－3－6－2－4	24°±1°

续上表

车　　型	供油顺序	供油提前角
五十铃 TD50A – D	1 – 4 – 2 – 6 – 3 – 5	17°
日野 KL 系列	1 – 4 – 2 – 6 – 3 – 5	18°
菲亚特 682N3	1 – 5 – 3 – 6 – 2 – 4	24°
三菱扶桑 T653BL	1 – 5 – 3 – 6 – 2 – 4	带送油阀15°;无送油阀17°
太脱拉 138A	1 – 6 – 3 – 5 – 4 – 7 – 2 – 8	26°~28°
沃尔沃 GB – 88	1 – 5 – 3 – 6 – 2 – 4	23°~24°

学习项目7 驻车制动器的检查与调整

情景描述

某客户开一辆五菱微型货车,进入4S店维修车间,车主反映该车驻车制动器不起作用,驻车制动手柄完全拉起后,无法实现驻车制动。

学习目标

知识目标

1. 掌握驻车制动器的功用;

2. 知道驻车制动器的类型、组成;

3. 了解驻车制动器工作情况。

技能目标

1. 能准确熟练做好检查调整驻车制动器工具及材料准备工作;

2. 能准确熟练地对驻车制动器进行操作;

3. 能准确熟练地按对应车型的驻车制动器结构要求检查调整;

4. 操作完毕后及时清洁工具、设备及操作场地。

学习内容

1. 驻车制动器的功用;

2. 驻车制动器的类型、结构;

3. 驻车制动器的工作情况;

4. 能准确熟练做好检查调整驻车制动器工具及材料准备工作;

5. 能准确熟练地对驻车制动器进行操作;

6. 能准确熟练地按对应车型的驻车制动器结构要求检查调整;

7. 操作完毕后及时清洁工具、设备及操作场地。

建议课时

8 课时

学习任务　驻车制动器的检查与调整

学习过程

一、任务描述

五菱微型货车进入修理厂,车主反映该车停车后驻车制动器完全拉起,汽车仍能溜动。经班组长的检查后发现驻车制动器存在工作异常,需要对驻车制动器进行拆卸检查,并调整。

二、任务准备

(1)工位的准备及举升机的检查。

(2)必要的拆装工具的准备。

(3)车辆的准备。

三、资料收集

1. 驻车制动器的作用

车辆停驶后防止滑溜;使车辆在坡道上能够顺利起步;行车制动系失效后临时使用或配合行车制动器进行紧急制动。

2. 驻车制动器的组成

驻车制动器主要由操纵部分(驻车制动手柄等)、传动部分(驻车制动拉索等)、制动器部分三大部分组成,如图7-1所示。

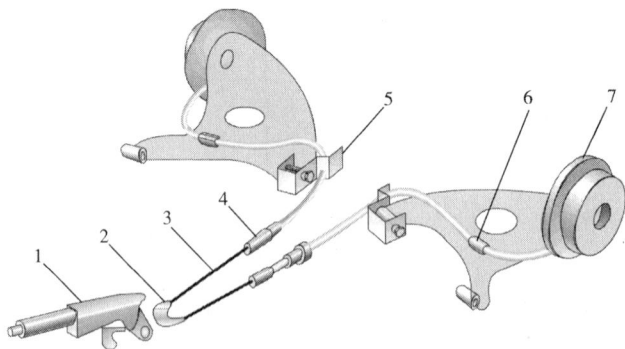

图7-1　驻车制动器的基本组成

1-制动手柄;2-平衡拉杆;3-拉绳;4-拉绳调整接头;5-拉绳支架;6-拉绳固定夹;7-制动器

3. 驻车制动器的分类

(1)按驻车制动器的安装位置不同,可分为车轮制动式和中央制动式两种。中央制动式其驻车制动器安装在变速器的后面,车轮制动式的驻车制动装置与车轮制动器共用一个制动器总成。

（2）按驻车制动器操纵方式的不同,可分为脚踩式、拉柄式、电子按键式三种,如图7-2所示。

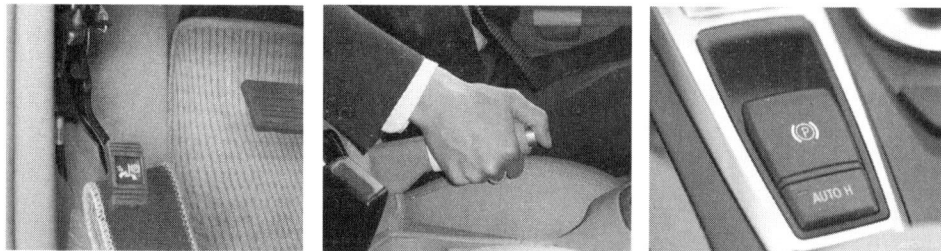

图7-2　脚踩式、拉柄式、电子按键式驻车制动器

（3）按驻车制动器结构特点的不同,可以分为鼓式驻车制动器、盘式驻车制动器、强力弹簧式驻车制动器三种。

4. 驻车制动器的结构和原理

轿车常见的鼓式驻车制动器有鼓式和盘带鼓式两种,结构与工作原理基本相同。

（1）鼓式驻车制动器主要由:制动鼓、制动蹄、驻车制动推杆、驻车制动杠杆等组成,如图7-3所示。

（2）鼓式驻车制动器工作原理,如图7-4所示。

图7-3　鼓式驻车制动器组成

1-制动蹄;2-驻车制动杠杆;3-驻车制动推杆

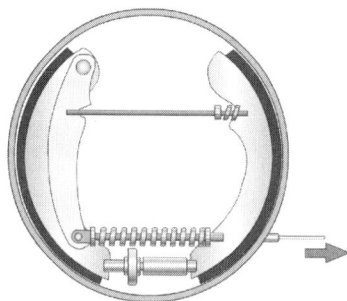

图7-4　鼓式和盘带鼓式驻车制动器工作原理

进行驻车制动时,经杠杆和拉绳传动,将前制动蹄推向制动鼓,制动杠杆的上端向左移动,使后制动蹄压靠到制动鼓上,施以驻车制动。

（3）盘式驻车制动器。

①盘式驻车制动器主要由:制动盘、制动钳,驻车制动拉索等组成,如图7-5所示。

②盘式驻车制动器工作原理。通过拉索用机械力推动凸轮和推杆并推动活塞,使活塞移动,让制动盘与摩擦片接触,从而实现驻车。

③强力弹簧式驻车制动器。在不少的重型车和大客车上采用了气压操纵的强力弹簧驻车制动器,它的驻

图7-5　盘式驻车制动器组成

车制动气室和后制动气室组合在一起,形成一个双功能综合体的制动气室。

四、实施步骤

1. 驻车制动器检查

1)准备工作

(1)工具、材料检查与准备,检查与校对。

(2)汽车停放在平坦的路面上,放好三角木,安装转向盘套、座椅套、脚垫。

(3)检查驻车制动器是否拉起。

2)检查内容

(1)拆卸驻车制动手柄饰板并清洁每个零件。

(2)慢慢拉起起驻车手柄,检查移过的齿数。

(3)检查制动拉索是否有断裂、损坏。

(4)检查锁止螺母、调整螺母是否损坏。

(5)检查锁止齿板是否有变形、裂纹、磨损过度或崩止现象。

(6)检查棘爪是否有断裂、手柄套有无破损,驻车开关是否良好。

(7)检查制动手柄锁止是否可靠、解除彻底、回位良好等情况。

2. 驻车制动器调整

(1)安装三件套。

(2)可靠的举升车。

(3)取出三角木。

(4)放下驻车制动手柄,将变速器挂入空挡。

3. 操作步骤

驻车制动器检修步骤如表7-1所示。

鼓式驻车制动器调整步骤   表7-1

(1)举升车辆,车轮离地20mm。通过轮胎钢圈上的调整孔,插入一字旋具,调整齿轮从零间隙位置往回调3~6个齿	(2)拆下换挡手柄和驻车制动手柄饰板

续上表

(3)将制动手柄拉起 3 个齿,拧松锁紧螺母,再拧紧调整螺母,直到两个被制动的后轮无法转动为止 	(4)放下制动手柄解除制动,检查两个后轮能自由转动为合格,有碰擦则需重调,之后拧紧锁紧螺母
(5)润滑驻车制动拉索与驻车制动手柄架之间的接触处 	(6)装上驻车制动手柄饰板和换挡手柄,放下车辆,取下三件套

4. 清洁工作

清洁工具和场地,恢复工位。

五、任务检验

(1)检查安装是否到位,是否遗漏部件。

(2)反复按放驻车制动拉杆,观察拉杆能否复位。

(3)拉起制动手柄,两后轮是否能刹住;解除制动时,两后轮是否能转动自如。

六、考核要求

对本学习任务进行评价,学生技能考核表如表 7-2 所示。

技能考核评价表　　　　　　　　　　表 7-2

班级:　　　　　　　组别:　　　　　　　姓名:

考　评　项　目	技术要求考评标准	分值	得分
准备工作	检查举升机是否工作正常,准备必要的拆装工具,酌情评分	5	
工具的使用	根据工具选择使用及熟练程度,酌情评分	5	

续上表

考 评 项 目	技术要求考评标准	分值	得分
驻车制动系统工作原理认识和维修方案的制定是否合理正确	认知、分析错误,每处扣2分	10	
驻车制动系统检测并正确诊断排除故障	拆卸/安装方法错误,每项扣2分;检测方法错误,每项扣2分;不按规定技术要求操作,每处扣2分	20	
总评(注:造成设备、工具人为损坏或人身伤害的,本学习任务计0分)			

七、学习拓展

比亚迪轿车驻车制动器的调整

1. 准备工作(同以上五菱车)

2. 操作步骤

调整步骤如表7-3所示。

比亚迪轿车驻车制动器调整步骤   表7-3

(1)举升车辆,车轮离地20mm,拆下后轮轮胎	(2)通过调整孔,插入一字旋具,调整齿轮从零间隙位置往回调3~6个齿,制动鼓刚好能转,再装上后轮轮胎
(3)拆下驻车制动手柄饰板前后的四颗螺母,将手柄饰板拆下。将制动手柄拉起3个齿,拧松锁紧螺母,再拧紧调整螺母,直到两个被制动的后轮无法转动为止	(4)放下制动手柄解除制动,检查两个后轮能自由转动为合格,有碰擦则需重调,之后再拧紧锁紧螺母

续上表

（5）润滑驻车制动拉索与驻车制动手柄架之间的接触处。	（6）装上驻车制动手柄饰板和换挡手柄,放下车辆,取下三件套

3．清洁工作

清洁工具和场地,恢复工位。

4．任务检验(同以上五菱车)

学习项目8 更换制动系统油液

情景描述

一辆比亚迪（BYD）F3 轿车送修，车主反映车辆制动力不足。经维修班组长检查后发现此车已经行驶 8 万 km，发现制动系统油液量不足，以及油液品质下降所致，需更换制动系统油液。

学习目标

⭐ **知识目标**

1. 知道制动系统油液的类型及更换的依据；
2. 掌握制动系统油液的正确规范的更换方法。

⭐ **技能目标**

能熟练按照对应车型的维修手册规范要求检查、添加、更换制动系统油液。

学习内容

1. 制动系统油液的类型；
2. 制动系统油液更换维护标准；
3. 按照维修手册规范要求正确的检查、添加、更换制动系统油液。

建议课时

4 课时

学习任务　更换制动系统油液

学习过程

一、任务要求

更换全车制动液,并完成排除制动系统管路空气的任务。

二、资料收集

1. 制动液在制动系统中的重要性

汽车制动液是液压制动系统中传递压力的工作介质,使车轮制动器实现制动作用的一种功能性液体。当踩制动踏板时,从脚踏板上踩下去的动量,由制动主缸的活塞通过制动液传递到车轮各制动轮缸,使摩擦片夹紧制动盘(制动蹄张开)阻止车轮转动,达到停止车辆的目的。

汽车制动液使用不当和质量状况不佳,都直接关系到车辆的行驶安全,如果使用了质量低劣的制动液,则会在高温时产生气阻、低温时制动迟缓,而导致汽车制动故障或制动失灵。

2. 制动液类型

(1)蓖麻油－醇型:由精制的蓖麻油和低碳醇(乙醇或丁醇)调配而成,经沉淀获得无色或浅黄色清澈透明的液体,即醇型汽车制动液。

(2)合成型:用醚、醇、酯等掺入润滑、抗氧化、防锈、抗橡胶溶胀等添加剂制成。

(3)矿油型:用精制的轻柴油馏分加入稠化剂和其他添加剂制成。

汽车制动液是用于液压制动系统中传递压力以制止车轮转动的一种功能性液体。其制动工作压力一般为2MPa,高的可达4~5MPa。所有液体都有不可压缩特性,在密封的容器中或充满液体的管路中,当液体受到压力时,便会很快地、均匀地把压力传到液体的各个部分。液压制动便是利用这个原理来进行工作的。

按级别,国内将制动液分为JG0、JG1、JG2、JG3、JG4、JG5等,国外制动液的标准有DOT3、DOT4、DOT5等级别,国内轿车常用DOT4级别的制动液。此外,不同类型,不同标准的制动液不可混用。

3. 检查、更换离合器、制动系统油液的周期

一般来说,应该每月检查一次离合器、制动系统油液。每两年或车辆行驶50000~60000km时更换。如果行驶里程较少,可适当延长更换周期,但不宜超过3年。此外,不可通过观察制动液的颜色来判断制动液的品质好坏,因为不同厂家的制动液产品,颜色可以不一样,这方面没有统一的国家标准。制动液的品质好坏,可以使用专用的制动液检测仪进行检测。

三、任务准备

所需的工量具及材料如下：

（1）设备：比亚迪（BYD）F3整车一辆 。

（2）工量具：数字式扭力扳手、10号套筒、14号套筒、21号轮胎套筒、短接杆、快速扳手、一字螺丝刀、十字螺丝刀、漏斗、尖嘴钳、10号梅花扳手。

（3）材料：抹布、胶管、废油回收桶、新的制动液。

四、任务实施

进行更换制动系统制动液作业之前，应首先在比亚迪F3车辆维修手册上找到"更换制动液"这一章节，根据维修手册的提示和说明并结合实车进行分析和探讨，制订正确合理的维修方案。在操作过程中，严格按照维修手册的规范和要求进行操作，才能保证顺利完成更换制动液的维修作业，同时在维修过程中遵守7S规范。

根据比亚迪F3维修手册更换制动液步骤如表8-1所示。

比亚迪F3更换制动液步骤　　　　　　　　　　　表8-1

（1）举升车辆到适当位置	（2）排放制动液应遵循由远到近，由后向前的顺序进行，即先从左后轮开始，两后轮放完后，再到两前轮
（3）在制动器轮缸活塞放油孔处，安装放油软管，并拧松放油螺钉，软管的另一端置于废油回收容器中 	（4）一人进入车内，不断踩踏制动踏板。另一人在制动轮缸放油孔处观察软管内的制动液排出情况，直至管路中无制动液流出。拧紧轮缸放油螺钉
（5）重复步骤（3）～（4），直至把四轮管路及制动轮缸中的制动液都排尽	（6）添加适量制动液。为排除制动管路中的空气做准备。按照"先远后近"的顺序（即右后轮、左后轮、右前轮、左前轮的顺序），逐个放出轮缸内的空气

续上表

（7）以右后轮管路排空气为例说明排空气的步骤。

①一人进入驾驶室，连续踩踏制动踏板数次，建立管路中的液压力，最后一次踩踏要保持住。

②另一人在右后轮轮缸放气螺钉处接放油软管，拧松放气螺钉，可以看到有带气泡的油液涌出。

③当无气泡出现时，拧紧放气螺钉。

④重复步骤①、②，直至确保放气螺钉处无含气泡油液出现。

注意：制动管路排空气过程中，要随时注意制动液储液罐中的液位情况，随时添加，避免因液位过低而导致制动管路中重新混入空气

（8）右后轮制动管路空气排尽后，其余三轮制动管路空气均可按步骤（7）进行，直至全车制动管路中的空气都排尽

五、项目评价

对本学习任务进行评价，学生技能考核表如表 8-2 所示

技能考核评价表 表 8-2

班级：　　　　　　组别：　　　　　　姓名：

序号	考核内容	配分	评分标准	考核记录	得分	得分
1	检查工具设备	5	不检查不得分			
2	正确使用工具仪器	15	工具使用不当扣 10 分			
3	排放制动液过程	30	顺序、方法不正确，酌情扣分			
4	排除制动管路空气过程	30	顺序、方法不正确，酌情扣分			
5	遵守安全规程，操作现场整洁	10	每次扣 2 分，扣完为止			
6	安全用电，防火，无人身设备事故	10	因操作不当发生重大事故，此题按 0 分计			
7	分数总计					

六、学习拓展

1. 为什么要更换离合器、制动系统油液？

离合器、制动系统油液本身是一种很稳定的压力油，化学物质和高温都不易令它变质，但它有一个特点就是会吸收空气中的水分，而制动液压系统必须要让制动液与大气相通才能正常运转，久而久之制动液会可能吸入水分，在高温下转成气泡。当制动油路中出现气泡，制动效能就会下降，所以要定期更换制动液。

2. 什么是合格的制动液？

合格达标的制动液有几个特性：

（1）在高温、严寒、高速、湿热等工况条件下保证灵活传递制动力。

（2）对制动系统的金属和非金属材料没有腐蚀性。

（3）能够有效润滑制动系统的运动部件，延长制动轮缸和皮碗的使用寿命。

对制动液的性能要求是：

（1）黏温性好，凝固点低，低温流动性好。

（2）沸点高，高温下不产生气阻。

（3）使用过程中品质变化小，并不引起金属件和橡胶件的腐蚀和变质。

3. 什么是有机硅制动液，有什么优点？

传统的制动液是以乙二醇为基础的液压传动油，乙二醇制动液的最大弱点是易吸水，从而降低它的沸点，当快速制动时，制动所产生的高温会导致水和乙二醇混合液沸腾，产生气塞现象，并引起制动液储量的衰减。此外吸水后的乙二醇制动液还会对油漆的表面产生腐蚀作用。

由于有机硅制动液（简称硅油制动液）具有优良的化学惰性、疏水性和耐高温性能，因此可以圆满地克服乙二醇基制动液所产生的腐蚀、气塞和储量衰减的难题。

有机硅制动液的优点：

（1）节省长期维修费用。由于硅油不吸水，可防止水分的积聚或使氧化剂不致因溶解而腐蚀金属部件，硅油的非导电性也不会引起电解腐蚀。因此，液压制动系统不需要大修和更换零件。此外，由于硅油的固有稳定性而不需经常更新。

（2）制动系统运转安全。即使在 288℃ 的高温或 −40℃ 的严寒恶劣气候环境中，仍能安全运转。

（3）延长制动系统寿命。硅油除了可防止液压制动系统的零部件不受腐蚀外，还能起润滑作用，使橡胶和塑料零部件不致磨损。

（4）操作安全。硅油制动液基本无毒，不需要采用特别的预防措施。长期储存不会由于吸水而降低物理性能。

（5）兼容性好。若将普通的多元醇制动液加入硅油制动液中，不会影响其他使用性能。这一点使得在紧急情况下，可把两类液体互相作用，但最好还是整个制动系统都装填 100% 的硅油。

（6）硅油与多元醇制动液不同，它不会损伤汽车车身表面，万一在行车过程中发生喷溅或漏泄事故，可轻而易举的擦拭干净。

（7）设计的灵活性强。硅油制动液对所有合金、橡胶和塑料材料具有很好的适应性，从而给制动系统的设计带来了很大的灵活性。例如，由于硅油制动液卓越的介电性能，因此，制动失灵警报系统和液面指示器的设计可通过安置一个穿过主液压缸的电压计进行简化。

学习项目9 转向系统转向器拆装检修

情景描述

一辆五菱荣光微型客车送修,车主反映车辆在行驶过程中转向困难,转向盘反向冲击过大,转向器有异响,且伴有转向摆动和转向不稳定,经诊断,需对该汽车的转向系统转向器总成进行吊装,以便下一步解体检查,确定故障部位进行维修或更换。

学习目标

知识目标

1. 知道转向器的作用和工作原理;
2. 知道转向器的类型;
3. 知道转向器的常见故障。

技能目标

1. 熟练做好工作项目操作前的安全检查;
2. 熟练掌握汽车常用维修工具,知道转向器拆装专用工具及相关耗材的准备;
3. 能根据维修手册要求规范、安全完成转向器的拆装流程和检修作业。

学习内容

1. 转向器的作用和工作原理;
2. 转向器的类型;
3. 转向器的常见故障类型;
4. 按维修技术要求完成转向器拆装检修。

建议课时

8课时

学习任务 转向系统转向器拆装检修

学习过程

一、任务要求

学习任务要求学生通过小组自主学习探讨,团队协作,能规范、独立完成汽车转向系统转向器的整车吊装、分解拆装,并按照车型维修手册进行转向器的各项检修工作,最后将转向器完整回装,以进一步增强对汽车转向系统原理构造的认识及其提高拆装检修动手能力。

二、资料收集

1. 转向系统的作用及类型

用来改变或保持汽车行驶方向的机构称为汽车转向系统(steering system)。汽车转向系统的功能就是按照驾驶员的意愿控制汽车的行驶方向。汽车转向系统分为两大类:机械转向系统和动力转向系统。

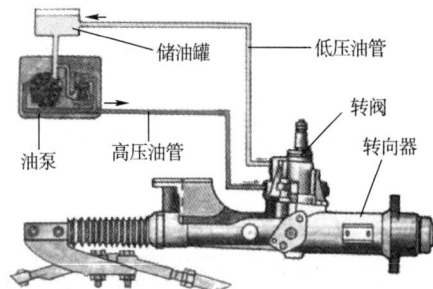

图9-1 液压动力转向系统

(1)完全靠驾驶员手力操纵的转向系统称为机械转向系统。

(2)依靠动力来辅助转向的转向系统为动力转向系统。动力转向系统又可分为电动助力动力转向系统和液压动力转向系统,如图9-1所示。

2. 转向原理

转向过程(以机械式齿轮齿条转向器为例)汽车转向时,驾驶人对转向盘施加一个力矩,该力矩通过转向轴输入转向器的转向轴,转向轴使齿轮转动,使与之啮合的齿条沿轴向移动,从而使左右横拉杆带动转向节左右转动,从而实现汽车的转向。而机械液压助力系统是将一部分发动机动力输出转化成液压泵压力,对转向系统施加辅助作用力,从而使轮胎转向;其主要组成部分有转向器(如图9-2所示)、液压泵、油管、压力流体控制阀、V型传动皮带、储油罐等。

3. 转向系常见故障

方向盘转动过大、操纵不稳定、前轮摆头、跑偏、转向沉重等。方向盘转运过大,操纵不稳定检查转向泵球头、主销和衬套、车轮轴承等处磨损情况,如磨损严重或间隙超限,应调整修理。如无过大磨损或间隙时,则应检查:

(1)转向器蜗轮蜗杆磨损情况,或间隙是否符合规定,如间隙过大应调整。

(2)转向装置连接部分的磨损情况,或是否调整得过松。

(3)转向器安装部位是否松动。

(4)转向垂臂有松动。

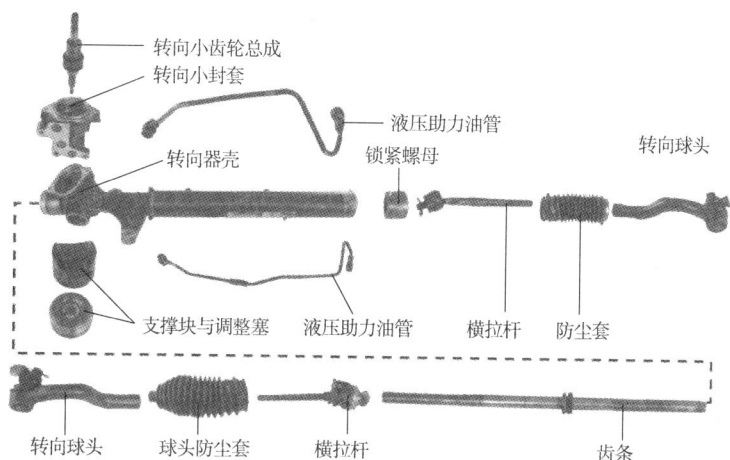

图 9-2　齿轮齿条转向器

三、任务准备

1. 球头拔拉器

分离转向横拉杆球头的常用专用工具,具有快速、便捷、安全的分离球头作用,如图 9-3 所示。

2. 风动扳手

3. 成套维修组合工具

4. 扭力扳手

5. 转向盘固定夹

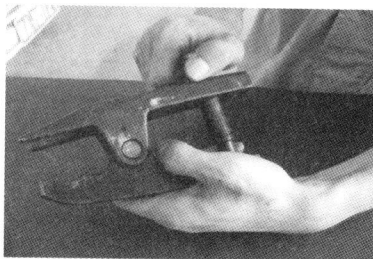

图 9-3　球头拔拉器

四、任务实施

1. 拆卸转向器

拆卸转向器步骤如表 9-1 所示。

转向器拆卸步骤

表 9-1

（1）停稳车辆,拉起驻车制动器,安装车轮挡块,车内安装防护三件套	（2）安装转向盘固定工具,使转向盘定位在正前位置

（3）预松左、右前轮螺母，并举升车辆到适当位置，拆下左、右前轮胎	（4）清洁转向传动轴与转向器螺栓，并在转向传动轴与转向器连接处记下标记 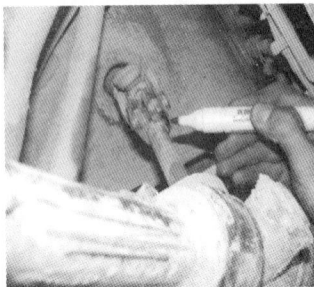
（5）拆下转向传动轴与转向器连接螺栓 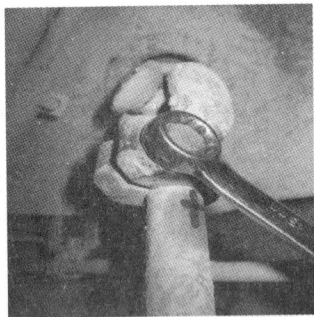	（6）清洁球头座开口销和球头销开槽螺母，拆下球头座开口销，拆下球头销开槽螺母 
（7）使用球头拔拉器，从转向节上拆下左、右两个球头座 	（8）拆下转向器与车架连接的4个螺栓，拆下转向器总成 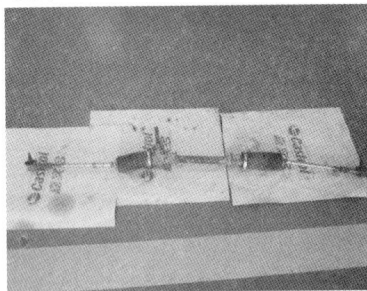
（9）拆下球头座合件及转向拉杆锁紧螺母之前，应标记下锁紧螺母的位置 	（10）分离球头座合件 

续上表

（11）拆下橡胶防护套两端的夹箍	（12）分离出伸缩胶套

（13）撬开防松垫	（14）用扳手固定转向器齿条的同时，拆松球头拉杆 注意：用扳手固定转向器齿条时，一定要固定在齿条端部特定的位置上，以免损坏齿条
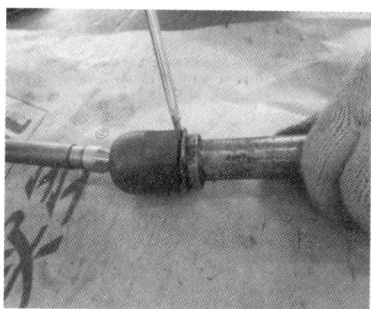	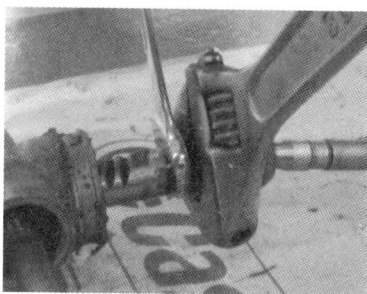
（15）分离出球头拉杆合件及防松垫	（16）转向器拆解如图
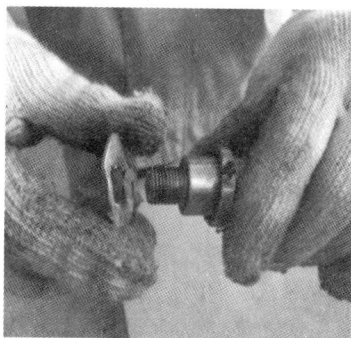	

2. 安装转向器

安装转向器步骤如表 9-2 所示。

转向器安装步骤   表 9-2

（1）将新防松垫和球头拉杆连接到齿条上 注意：防松垫开口槽部分应与转向器齿条端部特定的扳手平面方向保持一致 	（2）将防松垫铆紧到转向球头拉杆扳手平面上
（3）安装新夹箍及新自紧弹簧，紧固转向器胶合护套 	（4）安装转向拉杆锁紧螺母，连接球头座，并使球头销朝上。转向拉杆锁紧螺母定位在拆卸时做的标记处
（5）将转向传动轴与转向器连接上，装上连接螺栓，并紧固至 24～34N·m。装上转向器与车架连接的 4 个螺栓，并紧固至 45～60N·m	（6）将球头座连接到转向节上，装上新球头销开槽螺母，并紧固至 34～44N·m，装上新开口销
（7）装上前左、右轮胎，轮胎紧固后，还原整理工位，清洁场地	

五、项目评价

对本学习任务进行评价，学生技能考核表如表 9-3 所示。

技能考核评价表 表9-3

班级：　　　　　　　　组别：　　　　　　　　姓名：

项　目	评　价　内　容	评价等级（学生自评）		
		A	B	C
关键能力考核项目	遵守纪律、遵守学习场所管理规定，服从安排			
	安全意识、责任意识，7S 管理意识，注重节约、节能与环保			
	学习态度积极主动，能参加实习安排的活动			
	团队合作意识，注重沟通，能自主学习及相互协作			
	仪容仪表符合活动要求			
专业能力考核项目	按时按要求独立完成工作页学习活动内容			
	工具、设备选择得当，使用符合技术要求			
	操作规范，符合要求			
	学习准备充分、齐全			
	注重工作效率与工作质量			
	活动过程中严格遵守安全操作规程			
小组评语及建议		组长签名：		
老师评语及建议		教师签名：		

六、项目拓展

故障现象：一辆上海大众 polo 轿车行驶跑偏、转向沉重、制动发抖。

经技术人员诊断为转向系统故障原因导致。现需要将转向器总成吊下进行解体维修，请查阅大众 polo 维修手册，制定出转向系统总成吊装解体检修流程和方案。

学习项目 10 检查更换防护套、 转向横拉杆球头

情景描述

一辆五菱荣光微型客车进入修理厂,车主反映车辆在行驶过程中转向不良,转向困难,转向时伴有异响,且伴有转向摆动和转向不稳定现象,经维修人员诊断,需对该汽车的转向系统进行检查,重点检查转向防护套及转向横拉杆球头,以确定故障部位进行相应的维修及部件更换。

学习目标

知识目标

1. 知道转向防尘套及转向横拉杆作用;
2. 知道车辆防尘套及球头在汽车上的应用;
3. 了解转向防尘套及横拉杆球头的常见故障。

技能目标

1. 熟练做好工作项目操作前的安全检查;
2. 熟练掌握汽车常用维修工具特别是专用工具的使用;
3. 能根据维修手册要求,规范、安全地完成防护套及转向横拉杆的更换。

学习内容

1. 转向防尘套和转向横拉杆球头的作用;
2. 防尘套和球头的类型;
3. 熟练防护套及转向横拉杆球头的检查和更换。

建议课时

8 学时

学习任务　检查更换防护套、转向横拉杆球头

学习过程

一、任务要求

项目要求学生通过小组自主学习探讨,团队协作,能规范、独立完成汽车转向系统防护套、转向横拉杆球头的检查及更换。工作任务进行中要求学生熟练掌握对常用维修工具和专用工具的使用。

二、资料准备

1. 汽车转向防尘套及横拉杆球头的功用及类型

防尘套是汽车底盘传动系统及转向系统常用的橡胶防护件,其内部填充了润滑脂,主要起到防止灰尘进入球销壳内部和储存润滑脂的作用。常见的防尘套,如图 10-1 所示。

图 10-1　汽车转向防尘套

转向横拉杆球头是转向系统中重要的零部件,装在转向横拉杆的两端,连接转向节。其作用是增加拉杆的自由度,减少磨损。带球头外壳的拉杆,转向主轴的球头置于球头外壳内,球头通过其两端的球头座与球头外壳的轴孔边缘铰接,球头座与转向主轴间的滚针镶在球头座内孔面槽内。常见的转向横拉杆球头,如图 10-2 所示。

图 10-2　汽车转向横拉杆球头

2. 防尘套及转向横拉杆常见的检修方法

转向器防尘罩:检查防尘罩如有橡胶老化、裂纹及折断等损伤,应更换新品。常见的损坏,如图 10-3 所示。

转向横拉杆球头:①检查球头上的螺纹,如有损坏应更换球头总成。②检查球头防尘罩,如有橡胶老化破裂等现象,应提前更换球头总成。③上下方向推拉球头销,如果存

图 10-3　转向防尘套常见损坏

在明显旷量,应更换球头总成 ,常见损坏如图 10-4 所示。

三、任务准备

常用的汽车维修拆装工具和专用设备如下。

（1）球头拔拉器:分离转向横拉杆球头的常用专用工具,具有快速、便捷、安全分离球头的作用。

（2）世达成套组合工具:世达成套组合工具主要用于车辆零部件螺栓拆装,由于汽车零部件众多,螺栓规格型号各异,使用成套组合工具有利于快速高效地进行维修拆装工作。

图 10-4　转向横拉杆球头常见损坏位置

四、任务实施

1.拆卸分解

拆卸分解步骤如表 10-1 所示。

防尘套、转向横拉杆球头拆卸步骤　　　　　　　　　　　表 10-1

（1）拆下球头座合件及转向拉杆锁紧螺母之前应标记下锁紧螺母的位置	（2）分离球头座合件。拆下伸缩胶套两端的夹箍及自紧弹簧,并废弃
（3）分离出伸缩胶套,撬开防松垫	（4）用扳手固定住转向器齿条的同时,拆松球头拉杆。 注意:用扳手固定转向器齿条时,一定要固定在齿条端部特定的位置上,以免损坏齿条 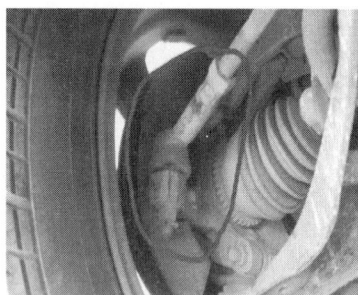
（5）分离出球头拉杆合件及防松垫	

2. 安装步骤

安装步骤如表 10-2 所示。

防尘套、转向横拉杆球头安装步骤　　　　表 10-2

(1)将新防松垫和球头拉杆连接到齿条上,注意防松垫开口槽部分应与转向器齿条端部特定的扳手平面方向保持一致 	(2)将防松垫铆紧到转向球头拉杆扳手平面上
(3)定位转向器胶合护套。用新夹箍及新自紧弹簧紧固转向器胶合护套 	(4)装上转向拉杆锁紧螺母,连接球头座,并使球头销朝上。转向拉杆锁紧螺母定位在拆卸时做的标记处
(5)将转向传动轴与转向器连接上,装上连接螺栓,并紧固至 24～34N·m。 　装上转向器与前轴焊合件连接的 4 个螺栓,并紧固至 45～60N·m。 　将球头座连接到转向节上,装上新球头销开槽螺母,并紧固至 34～44N·m,装上新开口销	(6)装上轮胎并对角预紧车轮螺母。 　降车到地面,紧固车轮螺母,整理工位,清洁场地

五、项目评价

对本学习任务进行评价,学生技能考核表如表 10-3 所示。

技能考核评价表　　　　　　　　　　表 10-3

班级：　　　　　　　组别：　　　　　　　姓名：

项　　目	评　价　内　容	评价等级（学生自评）		
		A	B	C
关键能力考核项目	遵守纪律、遵守学习场所管理规定,服从安排			
	安全意识、责任意识,7S 管理意识,注重节约、节能与环保			
	学习态度积极主动,能参加实习安排的活动			
	团队合作意识,注重沟通,能自主学习及相互协作			
	仪容仪表符合活动要求			
专业能力考核项目	按时按要求独立完成工作页学习活动内容			
	工具、设备选择得当,使用符合技术要求			
	操作规范,符合要求			
	学习准备充分、齐全			
	注重工作效率与工作质量			
	活动过程中严格遵守安全操作规程			
小组评语及建议		组长签名：		
老师评语及建议		教师签名：		

六、项目拓展

故障现象:一辆上海大众 polo 轿车转向沉重、转向异响、发抖。

经技术人员诊断为转向系统故障所致。现需要将转向器总成吊下进行检查防尘套及横拉杆球头的维修作用,请查阅大众 polo 维修手册,制定出相应的维修流程和方案。

学习项目 11　主减速器的检修

✎ **情景描述**

某用户一辆柳州五菱兴旺 6330 的面包车,起步及正常行驶时,主减速器发出"咕噜咕噜"的响声。随着车速的增加,异响加大,转弯时异响也发生。开到 4S 店经班组长的检查后,发现主减速器的工作异常,需要对主减速器进行拆卸检查,必要时进行更换。

📖 **学习目标**

⭐ **知识目标**

1. 知道主减速器、差速器的作用、类型、结构与工作原理;

2. 知道主减速器、差速器的拆装与步骤;

3. 知道主减速器、差速器的常见故障现象;

4. 能对工作任务的完成情况进行正确总结和评估,会根据车型的维修手册制定主减速器、差速器拆装的基本工作流程。

⭐ **技能目标**

1. 会使用主减速器、差速器拆装工具,知道拆装主减速器、差速器的材料准备;

2. 能按维修手册要求规范拆装主减速器、差速器;

3. 知道检查判断主减速器、差速器好坏的方法;

4. 操作过程中能遵守安全操作规范和 7S 现场管理要求。

✍ **学习内容**

1. 主减速器、差速器的工作原理及类型;

2. 主减速器、差速器的功用;

3. 检查主减速器、差速器的工作状况;

4. 按技术要求完成主减速器、差速器的就车更换。

📚 **建议课时**

16 课时

学习任务 主减速器的检修

学习过程

一、任务要求

该操作项目需要拆下车轮、拆下制动蹄片和制动鼓、拆下半轴和万向传动装置,卸下主减速器,最后要解体主减速器;检修主减速器和差速器各零件磨损情况;装复完后需检验主减速器啮合印痕和啮合间隙。

二、资料收集

1. 主减速器

1) 主减速器的作用与分类

主减速器的作用是降低转速,增大转矩,改变传动方向。为了满足不同的使用要求,主减速器有不同的结构类型。

如图 11-1、11-2 所示按传动齿轮副数量分,有单级式和双级式。

按传动比分类,有单速式和双速式。

图 11-1 单级式主减速器

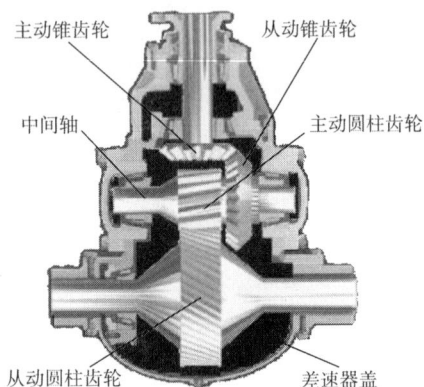

图 11-2 双级式主减速器

2) 单级主减速器的构造及工作原理

单级主减速器具有结构简单、体积小、重量轻和传动效率高等优点。一般都采用一对圆锥齿轮传动,这一对圆锥齿轮常用齿形有普通螺旋锥齿轮和和双曲面齿轮。目前,轿车和一些轻、重型货车大都采用单级主减速器。

(1)发动机前置后轮驱动的单级主减速器。柳州五菱 6330 型汽车单级主减速器,单级减速器就是一个主动锥齿轮和一个从动锥齿轮(俗称盆角齿),主动锥齿轮连接传动轴,顺时针旋转,从动锥齿轮与车轮前进方向一致。

(2)发动机前置前轮驱动的单级主减速器结构。上海大众桑塔纳轿车单级主减速器。

该车采用发动机纵向前置前轮驱动,这种发动机前置前轮驱动布置省去了变速器到主减速器之间的万向传动装置,所以变速器输出轴即为主减速器主动轴,如图11-3所示。

如果发动机采用横向前置布置,其主减速器主动齿轮轴线与差速器轴线平行,主减速器采用一对圆柱斜齿轮传动即可,不需要改变动力的传递方向,如图11-4所示。

图 11-3　上海大众桑塔纳轿车单级主减速器

图 11-4　发动机横向前置前轮驱动汽车的传动系统示意图
1-发动机;2-变速器

2. 差速器

1)差速器的功用及类型

(1)功用:将主减速器传来的动力经左、右两半轴传给驱动轮,当左、右车轮行驶条件不同或转向时,能自动调整左、右驱动车轮以不同的转速旋转,使车轮保持纯滚动的行驶状态。

(2)类型:差速器按结构分为普通齿轮式差速器和防滑差速器。普通齿轮式差速器应用最广泛的是行星齿轮差速器,如图11-5和图11-6所示。

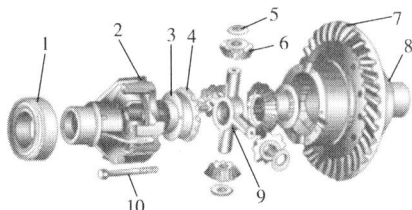

图 11-5　行星齿轮差速器机构 1
1-轴承;2-左外壳;3-垫片;4-半轴齿轮;5-垫圈;6-行星齿轮;7-从动齿轮;8-右外壳;9-行星齿轮;10-螺栓

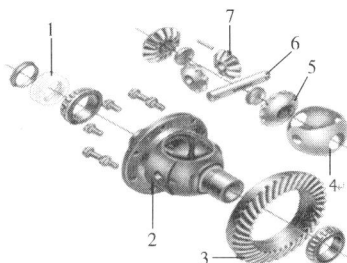

图 11-6　行星齿轮差速器机构 2
1-里程表主动齿轮;2-差速器壳体;3-从动齿轮;4-球形垫圈;5-半轴齿轮;6-行星齿轮轴;7-行星轮

2)差速器的构成

普通差速器由行星齿轮、行星轮架(差速器壳)、半轴齿轮等零件组成。发动机的动力经传动轴进入差速器,直接驱动行星轮架,再由行星轮带动左、右两条半轴,分别驱动左、右车轮。

3)差速器差速原理

当转弯时,由于外侧轮有滑拖的现象,内侧轮有滑转的现象,两个驱动轮此时就会产生两个方向相反的附加力,必然导致两边车轮的转速不同,并通过半轴传递到半轴齿轮上,迫使行星齿轮产生自转,使外侧半轴转速加快,内侧半轴转速减慢,从而实现两边车轮转速的差异。

3.半轴

1)半轴的功用、结构

(1)功用:将差速器半轴齿轮的输出转矩传到驱动轮或轮边减速器上。

图 11-7 半轴

(2)结构:在非断开式驱动桥内,半轴一般是实心的;在断开式驱动桥处,往往采用万向传动装置给驱动轮传递动力;在转向驱动桥内,半轴一般需要分为内半轴和外半轴两段,中间用等角速万向节相连接。半轴的内端一般用花键与半轴齿轮连接,外端与轮毂连接,如图 11-7 所示。

2)半轴的类型

(1)全浮式半轴。现代汽车常用的半轴支承形式主要有全浮式和半浮式两种。典型的全浮式半轴(图 11-8)可以清晰地看见半轴端两侧的法兰盘固定结构和钢板弹簧。这种支承形式的半轴除受转矩外,两端均不承受任何弯矩,故称为全浮式,如图 11-8 所示。

(2)半浮式半轴。半浮式半轴的内端通过花键与半轴齿轮连接,靠外端处与桥壳之间只用一轴承支承。车轮与桥壳无直接联系而支承于半轴外端,因这种半轴内端不受弯矩,外端承受全部弯矩,故称为半浮式支承,如图 11-9 所示。

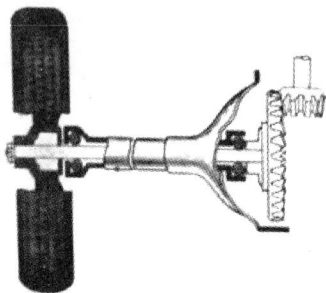

图 11-8 北京 2020 系列全浮式半轴结构示意图

图 11-9 半浮式半轴

三、任务准备

1.所需的工量具及材料

(1)设备:柳州五菱 6330 微型小汽车一辆。

(2)工量具:数字式扭力扳手、10 号套筒、12 号套筒、13 号套筒、16 号套筒、22 号套筒、短接杆、快速扳手、13 号开口扳手、小平铲、一字螺丝刀、十字螺丝刀、尖嘴钳、10 号梅花扳手、塞尺。

(3)材料:抹布、密封垫、粉笔、齿轮油、高速润滑油、木条。

2.拆装流程分析

1)拆卸顺序

（1）主减速器的就车拆装。

拆卸车轮→拆卸制动鼓、制动蹄片→拆卸左、右半轴→拆卸万向传动装置→拆卸主减速器。

（2）主减速器的分解。

拆卸止动块→拆卸调整螺母→拆卸轴承盖→用木棒撬出差速器、被动伞齿轮和差速器轴承组件→拆下被动伞齿轮→分离出差速器总成→拆下主动伞齿轮锁紧螺母及垫片→分离出连接法兰总成 →敲出主动伞齿轮组件→拆下主动伞齿轮后轴承内圈。

2）安装程序

（1）主减速器的安装。

安装主动伞齿轮后轴承内圈→安装连接法兰总成→安装主动伞齿轮锁紧螺母及垫片→安装差速器总成→安装被动伞齿轮→安装差速器、被动伞齿轮和差速器轴承组件→安装轴承盖→安装调整螺母→止动块。

（2）主减速器的就车安装。

安装主减速器→安装万向传动装置→安装左、右半轴→安装制动鼓、制动蹄片→安装车轮。

四、任务实施

在进行主减速器拆装作业之前,应首先在车辆维修手册上找到"传动系统之维修指南"这一章节,根据维修手册的提示和说明并结合实车进行分析和探讨,制定正确合理的维修方案。在拆装过程中,严格按照维修手册的规范和要求进行操作,才能保证顺利完成配气机构拆装的维修作业,同时在维修过程中遵守7S原则。

根据五菱维修手册主减速拆装步骤如下。

1. 主减速器的就车拆卸

主减速器的就车拆卸如表11-1所示。

主减速器的就车拆卸步骤   表 11-1

(1) 先预松轮胎,然后举升车辆,拆下左、右后车轮。 注意:举升车辆前完全释放驻车制动器	(2) 拆下左右后制动鼓
(3) 使用专用工具从后桥上拆下左、右半轴 	(4) 拆下传动轴(参照传动轴的拆装)

（5）拆卸放油螺钉，排放后桥齿轮油，排油完后拆下主减速器壳与后桥壳总成连接的螺钉拆下主减速器总成。 注意：对角预松螺钉 	

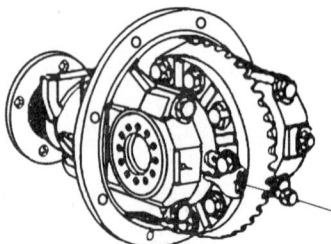

2. 主减速器的分解

主减速器的分解如表11-2所示。

主减速器的分解步骤   表 11-2

（1）拆下2个止动块安装螺栓及止动块。拆下2个调整螺母	（2）拆下轴承盖与主减速器壳连接螺栓。拆下轴承盖（拆下轴承盖之前，先做好配对标记）
（3）用木棒撬出差速器、从动伞齿轮和差速器轴承组件 	（4）拆下被动伞齿轮安装螺栓，取下从动伞齿轮
（5）拆下差速器、从动伞齿轮和差速器轴承组件，使用专用工具拆下差速器轴承 	（6）拆下主动伞齿轮锁紧螺母，分离出连接法兰总成

(7)拆下主动伞齿轮油封	(8)用木板垫在主动伞齿轮端部,向下敲出主动伞齿轮组件
(9)使用专用工具拆下主动伞齿轮后轴承内圈	

3.零件清洗、润滑

(1)用铲刀清除主减速器与后桥连接端面的密封胶及其他残留物质,并清洗干净。

(2)用煤油或专用洗涤剂对拆散的金属及塑性零密封胶圈部件进行清洁,清洁后用压缩空气吹干。

注意事项:橡胶类零件,如皮圈、垫片等,应用酒精或制动液清洗,不得用煤油、汽油或碱溶液清洗,以防发胀变质。

4.差速器与主减速器零件的检测

(1)差速器壳与行星齿轮垫圈和半轴齿轮垫圈间的接触面应光滑无沟槽;若垫圈存在明显磨损痕迹,则应更换垫圈。

(2)检查行星齿轮和半轴齿轮均不得有裂纹,齿面不能有明显的斑点、剥落和缺损。

(3)检查行星齿轮内径与行星齿轮轴的外径,其差值应在 0.1~0.2mm 之间,如间隙值超过此值,应更换。

(4)检查半轴齿轮花键间隙,应在 0.2~0.5mm 之间,否则应更换新件。

(5)检查主减速器主从动锥齿轮,其齿面不应有明显的斑点、剥落或沟槽,否则应更换主从动锥齿轮。

5.差速器与主减速器的装配

1)差速器的装配

(1)将半轴齿轮及支承垫、行星齿轮的工作表面涂上润滑油,再依次装入差速器左壳中,然后盖上差速器右壳。

(2)装上差速器壳的连接螺栓螺母,以60~70N·m的力矩交叉拧紧螺栓螺母,然后用开口销将螺母锁住。

(3)装上差速器左、右轴承。

2)主减速器的装配

(1)将主动锥齿轮前、后轴承外圈以锥面大端朝外方向分别压入轴承座的座孔中。

(2)把后轴承内圈总成压入主动锥齿轮轴颈上。

(3)在轴承表面涂一层润滑油。

(4)把主动锥齿轮及后轴承装入轴承座中。

(5)装上调整垫片,把前轴承压到主动锥齿轮轴上。

(6)将油封压入油封座孔中,并在油封刃口上涂一层润滑油。

(7)装上凸缘推力垫圈、密封垫和油封座,并拧紧螺栓。

(8)装上主动锥齿轮突缘、垫圈和螺母。

(9)用弹簧秤检测主动锥齿轮轴承的预紧度,预紧力矩为1.5~3.5N·m,相当于作用在凸缘孔处的圆周力为25~58N。若不符合要求,应调整轴承预紧度。

(10)合格后,以170~200N·m的力矩复紧主动锥齿轮凸缘螺母,并装好开口销将其锁止。

(11)按标记装上调整垫片和主动锥齿轮轴承座总成。

(12)将从动锥齿轮总成装入主减速器壳内。注意从动锥齿轮应在主减速器壳放油螺塞一侧。

(13)在左、右从动锥齿轮轴承盖的轴承外圈涂一层润滑油,按原标记装上垫片及轴承盖,并以35~40N·m的力矩拧紧轴承盖螺栓。

(14)将差速器总成装到主减速器壳中,在轴承外圈表面涂以润滑油。

(15)按标记装上差速器轴承盖、锁片及紧固螺母,旋上差速器轴承调整螺母,并用专用工具将左、右差速器轴承调整螺母旋入,使主、从动圆柱齿轮对正。

(16)以80N·m的力矩拧紧差速器轴承盖螺母,然后用锁片锁住螺母。

(17)装上止动片,将差速器轴承调整螺母锁住。拧紧止动片固定螺栓。

6. 主减速器检修

(1)敲击主减速器壳体,如有小部位响声异常,则为壳体有裂纹,壳体应完好无裂纹。

(2)检查各部位螺孔和螺栓上的螺纹损伤不得多于两牙,否则应换新。

(3)检查所有齿轮工作表面不得有明显斑点、剥落、缺损和阶梯形磨损。

7. 主减速器调整

1)主动锥齿轮轴承预紧度调整

用弹簧秤测量主动锥齿轮轴转动阻力的大小来判定。用弹簧秤切向拉动主动锥齿轮轴上的凸缘边缘孔,测量主动锥齿轮轴开始转动的瞬间拉力大小,如图 11-10 所示。其拉力值如表 11-3 所示。

汽车主动锥齿轮轴承预紧度(弹簧秤的拉力)　　　表 11-3

车型	CA1092	EQ1090E	柳微 6330
拉力(N)	16.7～29.4	16.73～33	0.6～0.9

注意:测量预紧度时不应装油封,弹簧秤沿切向拉动凸缘边缘孔,记下凸缘刚开始转动的瞬间拉力值。

调整方法:增减前端两圆锥滚子轴承间的调整垫片厚度进行调整。弹簧秤拉力大于规定值时,增加垫片厚度;弹簧秤拉力小于规定值时,减少垫片厚度。

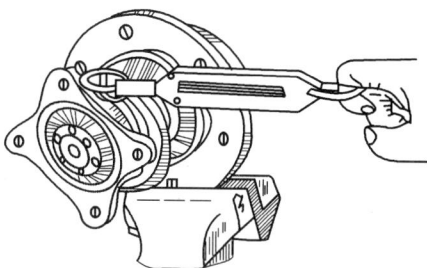

图 11-10　主动锥齿轮轴承预紧度检查

预紧度调整合适后,再将油封装复。装复时小心油封不要被尖锐物划伤,而且还要注意油封唇口方向不要装反,以免造成漏油现象。

2)从动锥齿轮轴承预紧度调整

将从动锥齿轮轴及轴承装入主减速器壳内,装上调整垫片及轴承盖,按 35～40N·m 的拧紧力矩拧紧轴承盖固定螺栓,用手转动从动锥齿轮,应灵活自如。撬动从动锥齿轮,不应感觉有轴向间隙。否则应调整。

调整方法:通过调整左、右轴承螺母来进行。

调整时先将螺母旋紧,再退回 1/10～1/16 圈,使最近的一个开口与锁止板重合,用锁止板固定。调整后,轴向推拉齿轮应无间隙感,转动齿轮时,无卡滞现象。

8. 主减速器的就车安装

(1)清洁后桥壳总成接口法兰上的密封胶,并涂抹上新的半干性密封胶。

(2)装上主减速器壳与后桥壳总成连接的 8 个螺母,并紧固至 24～29N·m。

(3)装上半轴总成:用开口扳手固定住螺母的同时,装上后制动器底板螺栓,并紧固至 40～60N·m。

(4)装上传动轴总成。装上传动轴与后桥连接的 4 个螺栓,并用开口扳手固定住螺栓的同时,装上 4 个螺母,并紧固至 45～60N·m。

(5)加注后桥齿轮油。检查后桥齿轮油液面高度,齿轮油液面应与加油螺塞安装孔底部平齐,不低于加油螺塞安装孔底部6mm。

(6)装上后车轮,按对角的顺序预紧车轮螺母。

(7)在举升机上降下车辆,按对角的顺序紧固左右后车轮螺母至 90～110N·m。

五、项目评价

主减速器检修项目评分标准如表 11-4 所示。

主减速器检修项目评分标准　　　　　　　　　表 11-4

序号	考核内容	配分	评分标准	考核记录	扣分	得分
1	正确使用工具仪器; 按顺序拆卸; 作好记号; 清洗零件; 零件摆放整齐	30	不正确使用工具扣5分; 拆卸顺序错乱扣5分; 违反操作规程扣5分; 损坏零件扣10分; 未清洗零件扣5分; 零件乱放扣分; 未作记号扣3分(扣完该项配分为止)(下同)			
2	检查: 壳体是否破裂; 轴承是否损坏; 齿轮磨损情况; 油封是否损坏; 推力垫片磨损情况(操作与口答结合)	15	漏检或不懂检查每项扣5分			
3	零件按顺序及相应位置正确装配,符合技术要求; 符合操作规程,不漏装,配合件涂机油; 主动锥齿轮锁紧螺母力矩为 $200 \sim 250 N \cdot m$; 差速器轴承盖螺母拧紧力矩为 $170 N \cdot m$	30	各配合面未涂机油扣3分; 装配顺序错乱扣5分; 违反操作规程扣5分; 漏装错装扣10分; 损坏零件扣10分; 力矩不符合要求每项扣3分			
4	调整主动圆锥齿轮轴承的轴向间隙	15	不会调整每项扣5分; 调整方法不正确每项扣3分; 调整后不符合要求每项扣5分			
5	安全文明生产	10	工量具、零件落地每次扣5分; 出工伤事故扣10分; 不清洁工具场地扣5分			
6	分数总计	100				

学习项目 12　蓄电池的维护

情景描述

　　一辆比亚迪 F3 汽车出现故障,开到维修站检修。车主反映车辆起动困难,并且前照灯灯光暗淡,蓄电池电压明显降低。

学习目标

知识目标

1. 能够叙述汽车蓄电池的结构、原理、型号及技术参数;
2. 能够解释不同汽车蓄电池型号的含义;
3. 学会安全用电,远离危险。

技能目标

1. 能正确进行蓄电池的就车拆装;
2. 能正确检测蓄电池的技术状况;
3. 能正确了解蓄电池的使用和维护;
4. 能正确使用充电机对蓄电池进行充电。
5. 安全用电。

学习内容

1. 就车检查蓄电池;
2. 规范拆卸蓄电池;
3. 检查蓄电池;
4. 更换、安装蓄电池。

建议课时

20 课时

学习任务　蓄电池的维护

学习过程

一、学习任务

根据比亚迪 F3 汽车出现故障就车检测,并对蓄电池出现故障进行排除。故障排除后起动车辆,使汽车能正常运转。

二、资料收集

1.蓄电池的作用

蓄电池是一种可逆直流电源,在汽车上与发电机并联,其主要作用是:

(1)发动机起动时,向起动机和点火系统供电。

(2)发电机不发电或电压较低时,向用电设备供电。

(3)当同时接入较多用电设备使得发电机超载时,协助发电机供电。

(4)当发电机的端电压高于蓄电池的电动势时,它可将电能转变为化学能储存起来。

2.蓄电池的分类

蓄电池类型如图 12-1 所示。

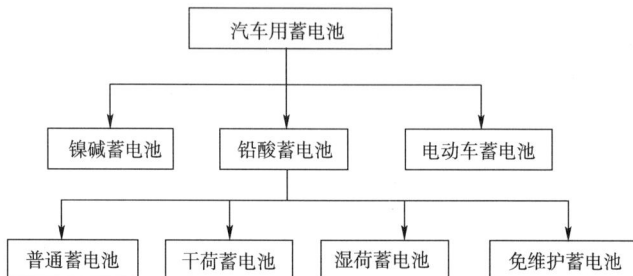

图 12-1　蓄电池类型

3.蓄电池的结构

1)蓄电池的组成

蓄电池主要由极板、隔板、外壳、电解液等组成,如图 12-2 所示。

盛装有电解液,插入多个用隔板隔开的正、负极组便成为单体电池。每个单体电池的标准电压为 2V,将 6 个或 12 个单体电池串联后便成为一只 12V 或 24V 的蓄电池总成。

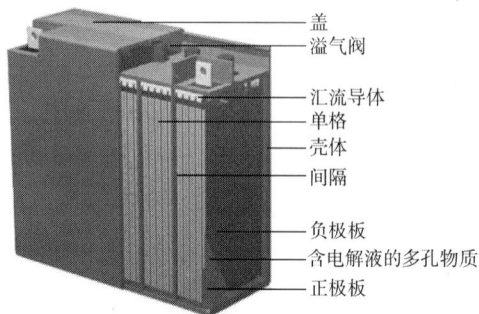

图 12-2　蓄电池的结构

2)电解液

电解液在蓄电池的化学反应中,起到离

子间导电的作用,并参与蓄电池的化学反应。电解液由纯硫酸(H_2SO_4)与蒸馏水按一定比例配制而成,其密度一般为 $1.24 \sim 1.31 \text{g/cm}^3$。

注意:电解液的纯度对蓄电池的电气性能和使用寿命有重要影响,一般工业用硫酸和普通水中,含有铁、铜等有害杂质,绝对不能加入到蓄电池中,否则蓄电池会自行放电,损坏极板。

3)其他组成

壳体作用:盛放极板和电解液。有硬橡胶、塑料两种。

联条作用:串联各单格电池,材料为铅。

加液孔盖:蓄电池的每个单格都有一个加液孔,用于加注电解液和检测电解液密度,孔盖上有通气孔,该小孔应经常保持畅通,以便随时排除蓄电池化学反应产生的气体,防止外壳胀裂发生事故。

4.蓄电池的型号

蓄电池的型号如表12-1所示。

蓄 电 池 的 型 号　　　　　　　　　　　　　　　　　表 12-1

第一部分	第二部分		第三部分	
串联的单格电池数	蓄电池的类型	蓄电池的特征	蓄电池的额定容量	蓄电池的特殊性能
3:6V 6:12V	Q:起动用铅蓄电池 N:内燃机车用蓄电池 M:摩托车用蓄电池	A:干荷电铅蓄电池 H:湿荷电铅蓄电池 W:免维护铅蓄电池 B:薄型极板 无字母:普通铅蓄电池	20h 放电率的额定容量,单位为 A·h,单位略去不写	G:高起动率 D:低温性能好 S:塑料槽蓄电池

例如:型号　JB2599－85 6－QA－60S

J:特征(如表 12-2 常见电池产品特征代号)。

6:6 个单格。

Q:汉语拼音 qidong(起动)的缩写,表示起动蓄电池,以区别于拖动蓄电池。

A:干荷电。

60:额定容量为 60A。

常见电池产品特征代号如表 12-2 所示。

常见电池产品特征代号　　　　　　　　　　　　　　　表 12-2

产品特征	干荷电	湿荷电	免维护	少维护	胶质电解液
代号	A	H	W	S	J

5. 蓄电池的工作过程

蓄电池的工作过程是化学能与电能的转换过程。放电时将化学能转换为电能供用电设备使用,充电时将电能转化为化学能储存起来。

6. 极性快速判断

新蓄电池上一般铸有"＋"(或 P)的接柱为正,有"－"(或 N)的接柱为负。修理后蓄电池一般涂红漆为正极,其他漆为负极。

(1)粗一些的锥形接线柱为正极,细一些的为负极。

(2)看极桩自然颜色,呈深褐色的为正,浅灰色的为负。

(3)看极桩表面硬度,用螺丝刀在极桩表面轻划,较坚硬的为正,反之为负。

(4)用万用表电压挡检测,将万用表置于相应的电压挡位,测蓄电池电压:当指针偏摆正常时,红表棒对应的为正极,黑表棒对应的为负极。

7. 蓄电池技术状况的检测

为了及时发现蓄电池的各种内在故障,汽车每行驶 1000km,或冬季行驶 10～15 天,夏季行驶 5～6 天,需对蓄电池进行下列检查。

1)电解液液面高度检测

测量方法如图 12-3 所示。电解液液面应高出极板 10～15mm,电解液不足时应加注蒸馏水。

2)电解液相对密度的检查

电解液相对密度的检查如图 12-4 所示。

(1)电解液必须以化学纯硫酸与蒸馏水配制而成。电解液密度一般为 1.25～1.29g/cm³(15℃时)。工业用硫酸和一般的水,因含有铁、铜等杂质,会引起自放电和极板损坏,不能用于蓄电池。电解液在加入蓄电池时,其

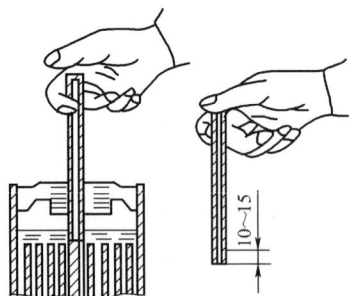
图 12-3　电解液液面高度检测

温度须控制在 21～32℃。

(2)电解液相对密度的高低,应根据使用地区的气温而定。室温为 30～40℃时,电解液相对密度为 1.270;室温为 20～30℃时,电解液相对密度为 1.280;室温为 20℃以下时,电解液相对密度为 1.290。

(3)配制电解液时,应将硫酸缓缓倒入蒸馏水中,而不可将蒸馏水倒入硫酸中,以免硫酸溅出伤害人体和腐蚀设备。

(4)蒸馏水的简易检测,用容量为 1000mL 的量杯(底部直径为 100mm),取 500mL 蒸馏水,万用电表调至 r×1kq 挡,将两表棒贴在内壁插入水面,电阻值大于 100kω 时,不能使用。

3)荷电状态

对于有视窗口的蓄电池来说,我们可以通过观察视窗口内的颜色来判别蓄电池的充电情况,如图 12-5 所示。

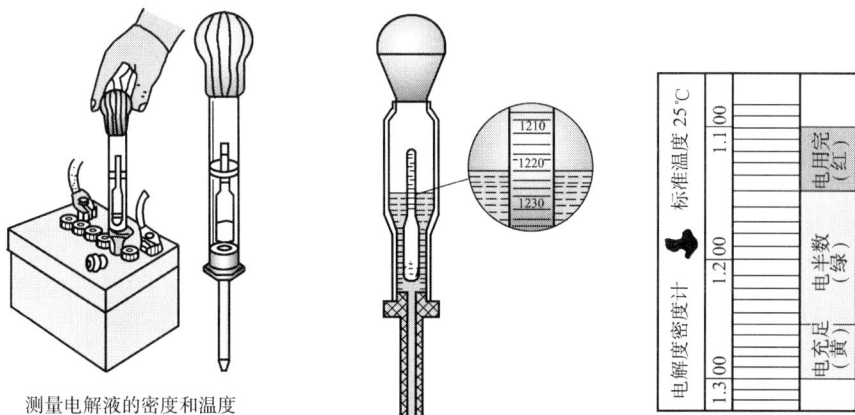

测量电解液的密度和温度

图 12-4　电解液相对密度的检查

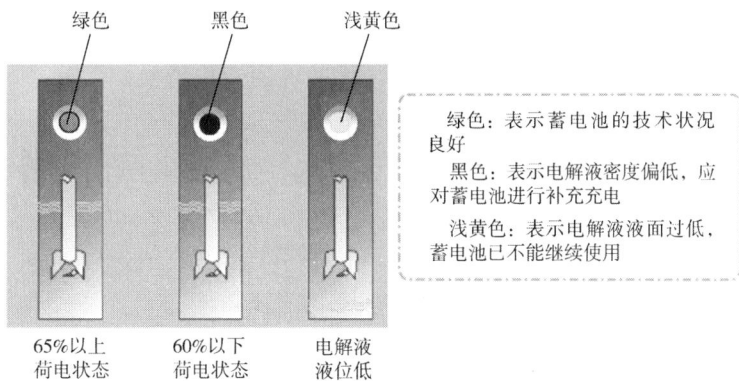

绿色　　　　黑色　　　　浅黄色

绿色：表示蓄电池的技术状况良好

黑色：表示电解液密度偏低，应对蓄电池进行补充充电

浅黄色：表示电解液液面过低，蓄电池已不能继续使用

65%以上　　60%以下　　电解液
荷电状态　　荷电状态　　液位低

图 12-5　荷电状态

8. 蓄电池的充电方法

对于新的蓄电池或修复的蓄电池,在使用前必须进行初次充电;使用中的蓄电池也要进行补充充电,特别是在汽车充电系统发生故障而导致蓄电池充电不足的情况下;在存放期,每 3 个月也要进行一次放电、充电循环处理,以保持蓄电池一定的容量,延长其使用寿命。

蓄电池的充电包括定电流充电、定电压充电和快速脉冲充电等。

1)定电流充电方法

(1)定电流充电指充电电流保持恒定的充电方法。广泛用于初充电、补充充电和去硫化充电等,如图 12-6 所示。

(2)定电流充电特点:

①具有较大适应性,适用于初充电等;

②充电时间长,易形成过充电。

2)定电压充电

(1)定电压充电是指充电过程中,充电电源电压保持恒定的充电方法,如图 12-7所示。

（2）定电压充电特点：

①由于充电初期充电电流大，因此充电速度快；

②充电结束时，充电电流自动减小为0，操作方便且不会发生过充电。

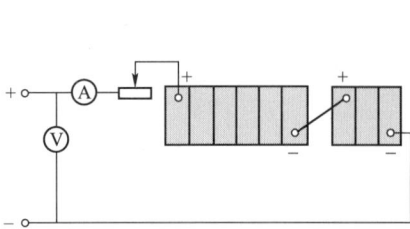

图 12-6　定电流充电

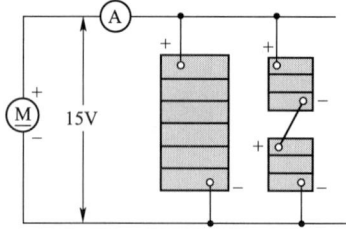

图 12-7　定电压充电

3）脉冲快速充电

（1）脉冲快速充电必须用脉冲快速充电机进行，其充电电流波形如图 12-8 所示。

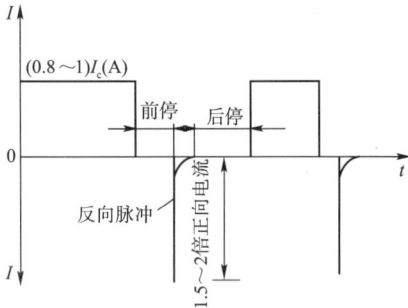

图 12-8　脉冲快速充电电流波形

（2）脉冲快速充电特点：

①充电速度快；

②对极板的冲刷力强，对极板的使用寿命有一定的影响。

9. 充电种类

1）初次充电

初次充电指对新的或更换极板后的蓄电池进行的第一次充电。

初次充电步骤——按定流法接线，先选初充电电流为 $1/15Qe$，充到电解液开始有气泡，单格电池电压到 2.4V 为止；将充电电流减半，继续充电到电解液放出气泡（沸腾）状态，单格电池电压达 2.7V，相对密度和单格电池电压连续 $2\sim3h$ 稳定不变为止，全程充电时间为 $60\sim70h$。应用于新电池的启用、修复后的电池。

2）补充充电

补充充电是指对使用中的蓄电池在无故障的前提下，为保持或恢复其额定容量而进行的正常的保养性充电。

一般汽车用蓄电池应每隔 $1\sim2$ 个月从车上拆下来进行一次补充充电，使用中，如发现下列现象之一时，必须及时进行补充充电：

①电解液相对密度降至 $1.15g/cm^3$ 以下时；

②冬季放电量超过 25%，夏季超过 50% 时；

③前照灯灯光比平时暗淡，起动无力时；

④单格电池电压降到 1.70V 以下时。

补充充电可采用定电压充电或两阶段定电流充电。

3）预防硫化过充电

预防硫化过充电是为了避免使用中的铅蓄电池极板硫化的一种预防性充电,汽车用铅蓄电池应每隔三个月进行一次。

充电方法是:先按补充充电的方法将蓄电池充足电,停歇 1h 后,再以减半的充电电流值进行过充电至沸腾,再停歇 1h 后,重新接入充电,如此反复,直到蓄电池刚接入充电时,立即沸腾为止。

4)去硫化充电

去硫化充电是消除铅蓄电池极板轻度硫化,充电方法如下。

(1)将铅蓄电池按 20h 放电率,放电至单格电池电压降至 1.75V 为止。

(2)倒出电解液,用蒸馏水反复冲洗几次,然后加入蒸馏水至规定的液面高度,用初充电第二阶段充电电流进行充电,当电解液密度增大到 $1.15g/cm^3$ 时,再将电解液倒出,加入蒸馏水,继续充电,反复多次,直至电解液密度不再上升为止。

(3)换用正常密度的电解液,按初充电方法将蓄电池充足电。

(4)用 20h 放电率放电,检查容量,若其输出容量可达额定容量的 80% 以上,则可装车使用,若达不到,更换蓄电池或修理。

10.蓄电池的养护

(1)保持外表面清洁干燥,及时清除极桩和电缆卡子上的氧化物,确定极桩上的电缆连接牢固。

(2)保持加液孔盖上通气孔的畅通,定期疏通。

(3)定期检查并调整电解液液面高度,液面不足时,应补加蒸馏水。

(4)汽车每行驶 1000km 或夏季行驶 5~6 天,冬季行驶 10~15 天,应用密度计或高率放电计检查一次蓄电池的放电程度,当冬季放电超过 25% ,夏季放电超过 50% 时,应及时将蓄电池从车上拆下进行补充充电。

(5)根据季节和地区的变化及时调整电解液的密度。冬季可加入适量的密度为 $1.40g/cm^3$ 的电解液,以调高电解液的密度(一般比夏季高 $0.02~0.04g/cm^3$ 为宜)。

(6)冬季向蓄电池内补加蒸馏水时,必须在蓄电池充电前进行,以免水和电解液混合不均而引起结冰。

(7)冬季蓄电池应经常保持在充足电的状态,以防电解液密度降低而结冰,引起外壳破裂、极板弯曲和活性物质脱落等故障。

11.拆卸汽车蓄电池前的注意事项

(1)在维修电控汽车之前应按要求先读取并记录故障码,然后才能进行其他的维修作业,以免不慎丢失故障码。

(2)当点火开关处于接通(ON)位置时,无论发动机是否正在运转,此时绝不可拆下蓄电池连接线或熔丝。

因为突然断电将会使电路中的线圈产生自感电动势而出现很高的瞬时电压(有时高达近万伏),从而使 ECU 及相关传感器等微电子器件严重受损。

(3)带有防盗功能的音响要确保查询到防盗密码,否则会造成安装后音响无法工作的后果。安装蓄电池后,输入音响防盗码,解除音响防盗状态。

(4)对电动玻璃窗等车身电气系统根据需要重新进行初始化设定。

12.蓄电池常见故障

故障一:极板硫化如表12-3所示。

极 板 硫 化　　　　　　　　　　　　　表12-3

故障特征	极板上生成一层白色粗晶粒的 $PbSO_4$,在正常充电时不能转化为 PbO_2 和 Pb 的现象。 (1)硫化的电池放电时,电压急剧下降,过早降至终止电压,电池容量减小。 (2)蓄电池充电时单格电压上升过快,电解液温度迅速升高,但密度增加缓慢,过早产生气泡,甚至一充电就有气泡
故障原因	(1)蓄电池长期充电不足或放电后没有及时充电,导致极板上的 $PbSO_4$ 有一部分溶解于电解液中,环境温度越高,溶解度越大。当环境温度降低时,溶解度减小,溶解的 $PbSO_4$ 就会重新析出,在极板上再次结晶,形成硫化。 (2)电解液液面过低,使极板上部与空气接触而被氧化,在行车中,电解液上下波动与极板的氧化部分接触,会生成大晶粒 $PbSO_4$ 硬化层,使极板上部硫化。 (3)长期过量放电或小电流深度放电,使极板深处活性物质的孔隙内生成 $PbSO_4$。 (4)新蓄电池初充电不彻底,活性物质未得到充分还原。 (5)电解液密度过高、成分不纯,外部气温变化剧烈
排除方法	轻度硫化的蓄电池,可用小电流长时间充电的方法予以排除;硫化较严重者采用去硫化充电方法消除硫化;硫化特别严重的蓄电池应报废

故障二:活性物质脱落如表12-4所示。

活 性 物 质 脱 落　　　　　　　　表12-4

故障特征	主要指正极板上的活性物质 PbO_2 的脱落。 蓄电池容量减小,充电时从加液孔中可看到有褐色物质,电解液浑浊
故障原因	(1)蓄电池充电电流过大,电解液温度过高,使活性物质膨胀、松软而易于脱落。 (2)蓄电池经常过充电,极板孔隙中逸出大量气体,在极板孔隙中造成压力,而使活性物质脱落。 (3)经常低温大电流放电使极板弯曲变形,导致活性物质脱落。 (4)汽车行驶中的颠簸振动
排除方法	对于活性物质脱落的铅蓄电池,若沉积物较少时,可清除后继续使用;若沉积物较多时,应更换新极板和电解液

故障三:极板栅架腐蚀如表12-5所示。

极 板 栅 架 腐 蚀　　　　　　　　表12-5

故障特征	主要是正极板栅架腐蚀,极板呈腐烂状态,活性物质以块状堆积在隔板之间,蓄电池输出容量降低

续上表

故障原因	(1)蓄电池经常过充电,正极板处产生的 O_2 使栅架氧化。 (2)电解液密度、温度过高、充电时间过长,会加速极板腐蚀。 (3)电解液不纯
排除方法	腐蚀较轻的蓄电池,电解液中如果有杂质,应倒出电解液,并反复用蒸馏水清洗,然后加入新的电解液,充电后即可使用; 　　腐蚀较严重的蓄电池,如果是电解液密度过高,可将其调整到规定值,在不充电的情况下继续使用; 　　腐蚀严重的蓄电池,如栅架断裂、活性物质成块脱落等,则需更换极板

　　故障四:极板短路如表 12-6 所示。

极　板　短　路 表 12-6

故障特征	蓄电池正、负极板直接接触或被其他导电物质搭接称为极板短路。 　　极板短路的蓄电池充电时充电电压很低或为零,电解液温度迅速升高,密度上升很慢,充电末期气泡很少
故障原因	(1)隔板破损使正、负极板直接接触。 (2)活性物质大量脱落,沉积后将正、负极板连通。 (3)极板组弯曲。 (4)导电物体落入池内
排除方法	出现极板短路时,必须将蓄电池拆开检查。 　　更换破损的隔板,消除沉积的活性物质,校正或更换弯曲的极板组等

　　故障五:自放电如表 12-7 所示。

自　放　电 表 12-7

故障特征	蓄电池在无负载的状态下,电量自动消失的现象称为自放电。 　　如果充足电的蓄电池在 30 天之内每昼夜容量降低超过 2%,称为故障性自放电
故障原因	(1)电解液不纯,杂质与极板之间以及沉附于极板上的不同杂质之间形成电位差,通过电解液产生局部放电。 (2)蓄电池长期存放,硫酸下沉,使极板上、下部产生电位差引起自放电。 (3)蓄电池溢出的电解液堆积在电池盖的表面,使正、负极柱形成通路。 (4)极板活性物质脱落,下部沉积物过多,使极板短路
排除方法	自放电较轻的蓄电池,可将其正常放完电后,倒出电解液,用蒸馏水反复清洗干净,再加入新电解液,充足电后即可使用;自放电较为严重时,应将电池完全放电,倒出电解液,取出极板组,抽出隔板,用蒸馏水冲洗之后重新组装,加入新的电解液重新充电后使用

三、任务准备(所需的工量具及材料)

(1)设备:比亚迪 F3 轿车一辆。

(2)工量具:数字式万用表、世达工具一套。

(3)材料:清洁用纱布。

四、实施步骤

经组长诊断,确定车辆的故障原因是蓄电池,因此将蓄电池从车上拆下来,本次操作任务是对比亚迪 F3 蓄电池进行就车更换,更换步骤如下。

(1)车辆停稳,拉起驻车制动器,安装车轮挡块,车内放置防护三件套,打开发动机舱盖,车外放置车身护裙。

(2)校准万用表,检测蓄电池电压。

(3)使用梅花扳手拆除蓄电池接线端头。注意:先拆蓄电池负极接线端头,再拆蓄电池正极接线端头。

(4)取出蓄电池,安装新的蓄电池。

(5)安装蓄电池接线端头,并用梅花扳手把端头螺母紧固。注意:先安装蓄电池正极接线端头,再安装蓄电池负极接线端头。

(6)调整时钟、收音机等用电设备至正确的设置。收拾工具,整理清洁工位。

五、任务检验

(1)检查蓄电池安装是否到位,是否遗漏部件。起动发动机,检查充电系统是否正常。

(2)清洁工具、场地。

六、项目评价

对本学习任务进行评价,学生技能考核表如表12-8所示。

技能考核评价表   表 12-8

班级: 组别: 姓名:

序号	考核内容	配分	评分标准	考核记录	扣分	得分
1	检查工具设备	5				
2	正确使用工具仪器	10	工具使用不当扣 10 分			
3	就车拆卸蓄电池	20	拆卸方法不正确扣 10 分			
			拆卸顺序不正确扣 10 分			
4	检查蓄电池	20	检查方法不正确 10 扣分			
			检测结果不正确扣 10 分			

续上表

序号	考 核 内 容	配分	评 分 标 准	考核记录	扣分	得分
5	就车安装蓄电池	20	安装方法不正确扣 20 分			
6	就车检测充电系统	10	检查方法不正确扣 10 分			
7	遵守安全规程,正确使用工量具,操作现场整洁	10	每项扣 2 分,扣完为止			
	安全用电,防火,无人身设备事故	5	因操作不当发生重大事故,此题按 0 分计			
8	分数总计					

学习项目 13 汽车起动系统

情景描述

一辆一汽威志 V2 轿车,进入修理厂,车主和维修人员反映:打开点火开关起动发动机,起动机运转无力甚至不工作。

学习目标

知识目标

1.了解起动机的组成、作用以及实车安装位置;
2.熟悉起动系统的控制原理和控制方式。

技能目标

1.熟练起动机的就车拆装方法;
2.熟记起动机就车拆装的技术要求和注意事项;
3.懂得如何测试起动机。

学习内容

1.起动系统作用、组成、工作原理;
2.起动机的组成;
3.检测起动系统电路;
4.就车更换起动机。

建议课时

20 课时

学习任务　汽车起动系统

学习过程

一、任务要求

能根据维修手册规范对起动机进行就车更换，并对起动电路进行测量，使车辆能正常起动运行。

二、资料收集

1. 起动系统的作用

起动系统的作用是通过起动机将蓄电池的电能转换成机械能，起动发动机运转。

2. 起动系统的组成

汽车起动系统主要由蓄电池、熔断丝、点火开关、起动继电器、起动机以及起动保护装置等组成。

3. 起动系统的工作过程

起动系统的工作过程如图 13-1 所示。

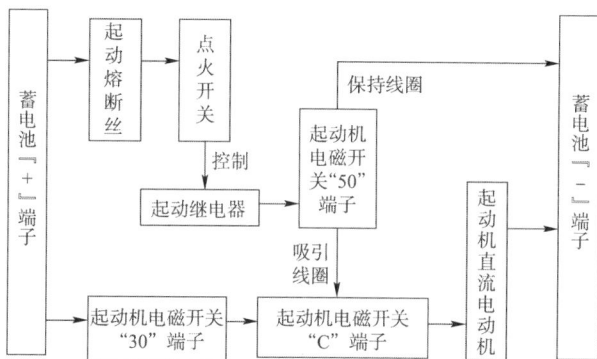

图 13-1　起动系统的工作过程

4. 起动机的结构原理

1）起动机的作用及安装位置

（1）起动机的作用。起动机俗称"马达"，如图 13-2 所示。它是将蓄电池提供的电能转化为机械能，通过起动机上的小齿轮与发动机飞轮啮合，利用减速增矩的方法带动飞轮旋转，使发动机运转。

起动机要使发动机起动需满足两个条件：

①起动机的转矩足够大。

②蓄电池电压正常，保证起动机运转。

图 13-2　起动机

（2）起动机在汽车上的安装位置。汽车上所使用的起动机一般都安装在发动机的飞轮附近的缸体上面（图 13-3），用与飞轮齿轮啮合来驱动曲轴飞轮组转动。

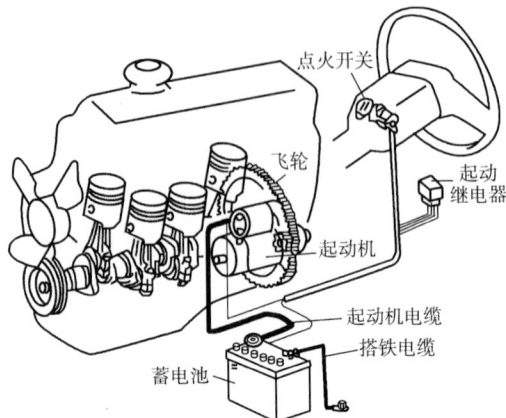

图 13-3　起动机安装位置图

但是，也有某些车型，如大众桑塔纳、捷达等，它们的某些车型的起动机是安装在变速器上面的。

2）起动机的组成及工作原理

起动机一般是由前后端盖、电磁开关、电刷以及电刷架、驱动齿轮、电枢等组成，如图 13-4 所示。

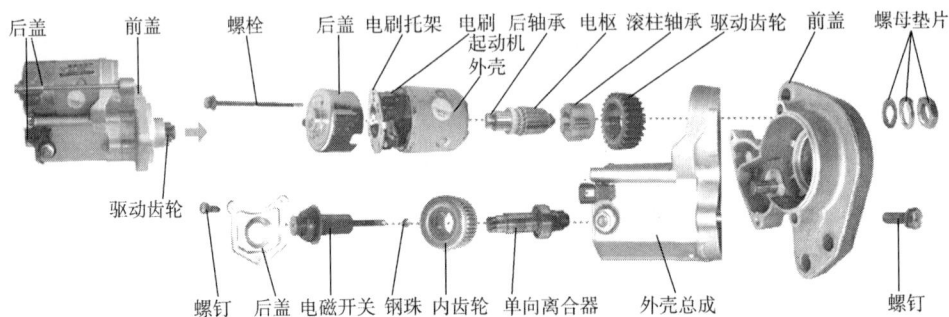

图 13-4　起动机的组成

（1）直流电动机。直流电动机主要由机壳、磁极、电枢、换向器及电刷等组成，机壳用钢材制成，壳内壁固定有磁极和励磁绕组。磁极的作用是在电动机中产生磁场，它由磁极铁芯和励磁绕组组成。励磁绕组的连接方式有两种：4 个绕组相互串联和 2 个绕组串联后再并联。

电枢的作用是产生电磁转矩，它主要由电枢轴、电枢铁芯、电枢绕组和换向器等组成。换向器由许多截面呈燕尾形的铜片围合而成。如图 13-5 所示。

电刷与电刷架的作用是将电流引入电动机。一般有 4 个电刷架，固定在前端盖上。其中两个电刷架与端盖绝缘，称为绝缘电刷架；另外两个电刷架与端盖直接接合而搭铁，称为搭铁电刷架，如图 13-6 所示。

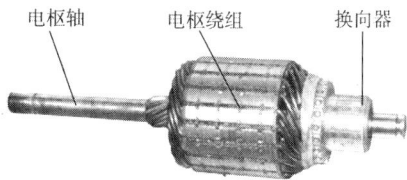

图 13-5 电枢总成

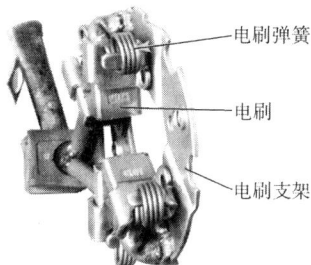

图 13-6 电刷与电刷架

端盖有前后两个,前端盖一般用钢板压制而成,其上装有 4 个电刷架,后端盖为灰铸铁浇铸而成。

(2)传动机构。起动机传动机构的作用是将起动机的动力传给发动机飞轮。起动机的传动机构包括拨叉、单向离合器、起动机轴及齿轮啮合装置,其主要部件是单向离合器。单向离合器的内部结构如图 13-7 所示。

(3)控制机构。起动机的控制装置主要有电磁开关和起动继电器。电磁开关的作用:接通和切断起动机与蓄电池的主电路;起动继电器的作用:与点火开关或起动按钮配合,控制起动机电磁开关吸引线圈和保持线圈电流的通、断,避免因两线圈电流过大而烧损点火开关或起动按钮;使起动机具

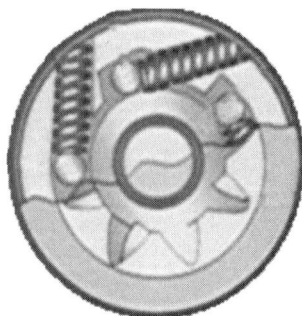

图 13-7 单向离合器内部结构图

有安全(自锁)保护功能,还能防止发动机运转时带动起动机运转,导致起动机误工作;控制充电指示灯工作。电磁开关的结构如图 13-8 所示。

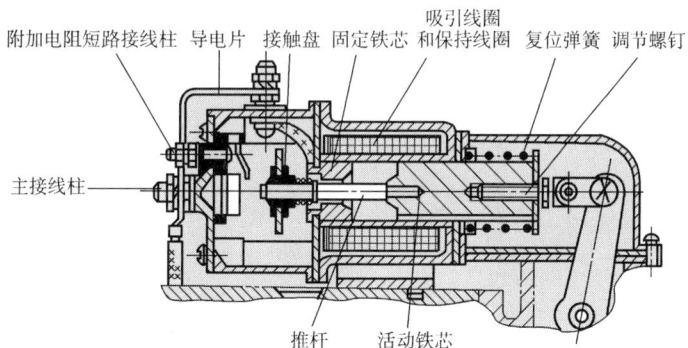

图 13-8 电磁开关结构图

5. 一汽威志起动电路

一汽威志起动电路如图 13-9 所示。

一汽威志 V2 起动电路的电流走向分为三路。

(1)电源线路:蓄电池正极→起动机电源端→车身搭铁→蓄电池负极。

(2)控制线路:蓄电池正极→AM2 熔断丝→点火开关→起动继电器线圈端→车身搭铁→蓄电池负极。

（3）蓄电池正极→起动机熔断丝→起动继电器开关端→起动机 ST 控制端→起动机→车身搭铁→蓄电池负极。

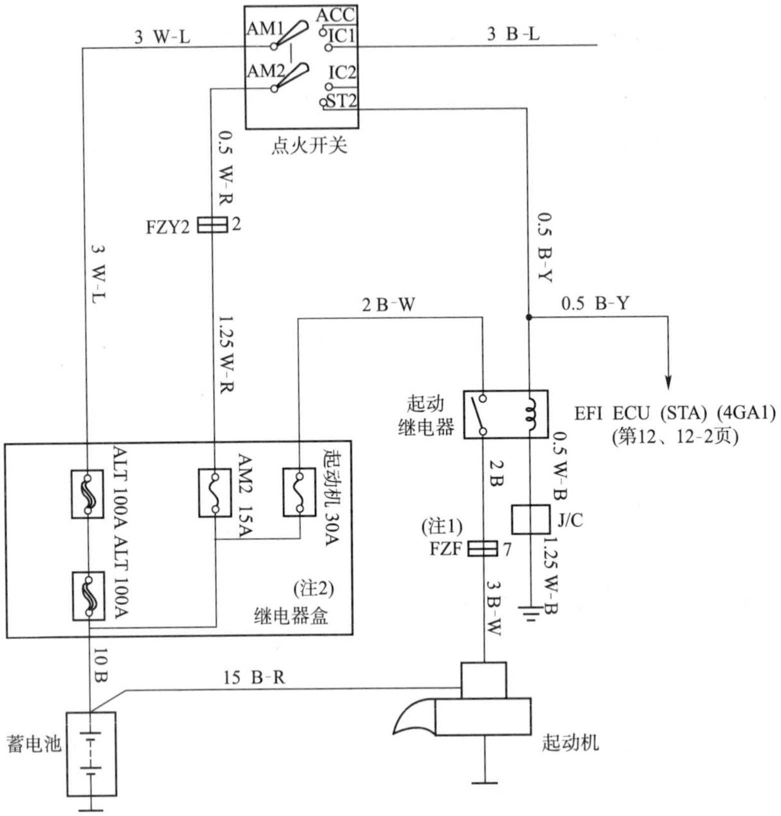

图 13-9　一汽威志 V2 起动电路图

三、任务准备

所需的工量具及材料如下。

（1）设备：一汽威志 V2 汽车一辆。

（2）工量具：世达工具一套、汽车万用表一个、电源跨接线一套、蓄电池一个、起动机一个。

（3）材料：抹布。

四、实施步骤

经组长诊断，怀疑车辆的故障原因是起动电路控制线路或者起动机故障，因此本次操作任务是对起动电路进行检测，并对起动机性能进行检验判断，如果起动机故障，则就车更换起动机。

1. 起动电路控制线路的检测

（1）用试灯或万用表检查起动机熔断丝，如果熔断丝已烧坏则更换。

（2）从发动机舱熔断丝继电器盒中取下起动继电器用万用表检测起动继电器插座 30 号端子与搭铁间电压应为 9～12V,否则修理起动机熔断丝至 30 号端子的线路故障。

（3）把点火开关开至"STA"位,用万用表检测 85 号端子与搭铁间电压应为 9～12V,否则修理 85 号端子至点火开关的线路故障。

（4）用万用表检测 86 号端子与搭铁间的电阻应小于 1Ω,否则为 86 号搭铁不良。

（5）用万用表检测 87 号端子与起动机控制端间的电阻应小于 1Ω,否则为 87 号端子至起动机线路不良。

（6）用万用表电阻挡检测起动继电器 85 号端子与 86 号端子,电阻约 100Ω;用万用表检测 30 号端子与 87 号端子电阻应为无穷大;在 85 号端子与 86 号端子之间分别接蓄电池的正负极,用万用表检测 30 号端子与 87 号端子应导通,否则更换继电器。

（7）安装起动继电器,拔下起动机上 ST 控制端插头,把点火开关开至"STA"位,检测 ST 控制端电压应为 9～12V。

2. 起动机就车拆卸

（1）拆除蓄电池负极,检车辆安全举升,拆下起动机连接导线。

（2）用工具拧下两颗起动机固定螺栓。

3. 安装起动机

按照起动机拆卸时的反顺序安装起动机,并连接好导线,紧固好导线接头。

五、任务检验

（1）检查安装是否到位,是否遗漏部件。起动发动机,检查起动机是否有工作异常。

（2）清洁工具、场地。

六、项目评价

对本学习任务进行评价,学生技能考核表,如表 13-1 所示。

技能考核评价表   表 13-1

班级：   组别：   姓名：

序号	考核内容	配分	评分标准	考核记录	扣分	得分
1	检查工具设备	5				
2	正确使用工具仪器	10	工具使用不当扣 10 分			
3	拆卸传动带	20	拆卸方法不正确扣 10 分			
			拆卸顺序不正确扣 10 分			
4	检查传动带	20	检查方法不正确 10 扣分			
			检测结果不正确扣 10 分			

序号	考核内容	配分	评分标准	考核记录	扣分	得分
5	安装传动带	20	安装方法不正确扣10分			
			传动带张紧力调整不正确扣10分			
6	检测传动带张紧力	10	检查方法不正确扣10分			
7	遵守安全规程,正确使用工量具,操作现场整洁	10	每项扣2分,扣完为止			
8	安全用电,防火,无人身设备事故	5	因操作不当发生重大事故,此题按0分计			
9	分数总计					

学习项目 14　汽车充电系统

情景描述

　　一辆威志 V2 轿车,进入修理厂,客户反映该车发动机起动后,电不足,灯光发暗,喇叭不够响,经检查诊断为汽车充电系统不正常充电,造成蓄电池过放电,电压不足。

学习目标

⭐ 知识目标

1. 了解汽车充电系统电路的结构特点;
2. 懂得汽车充电系统电路的控制原理;
3. 熟悉汽车充电系统电路的技术要求。

⭐ 技能目标

1. 掌握发电机的拆装步骤;
2. 掌握发电机性能的检测方法。

学习内容

1. 就车检查充电系统;
2. 规范拆卸发电机;
3. 检查发电机传动带;
4. 更换、安装发电机。

建议课时

20 课时

学习任务 汽车充电系统

学习过程

一、学习任务

能根据维修手册规范对充电系统进行就车检测,并对充电系统出现故障排除进行。故障排除后起动车辆,汽车能正常运转。

二、资料收集

1. 充电系统的作用

当今世界科学技术迅猛发展,极大地促进了汽车技术的高速发展,同时人们对汽车的舒适性、安全性、可靠性的要求也在不断地提高,这也促进了汽车电子设备装置的发展。因此,对充电系统的要求也就越来越高,是现代汽车技术发展标志之一。随着汽车上用电设备的急剧增加,充电系统的作用越来越重要。充电系统的作用是供全车用电,同时向蓄电池充电(储存多余的电能),以补充蓄电池在起动时电能的消耗,如图14-1所示。

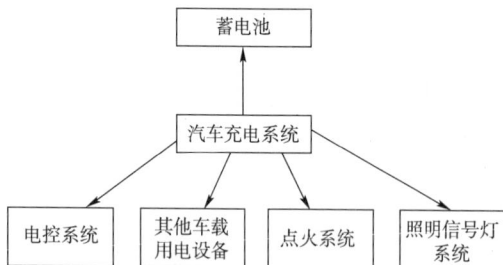

图 14-1 充电系统的作用

2. 充电系统的认识

汽车充电系统由蓄电池、交流发电机及工作状态指示装置组成,采用并联方式连接。汽车上所用的交流发电机主要由一台三相交流发电机和整流器组成。

3. 交流发电机的结构原理

1)结构组成

发电机的结构组成,如图14-2所示。

2)工作原理

发电机工作原理如图14-3所示。

3)发电机的安装方式

汽车交流发电机一般安装在发动机前部的右侧或左侧。在发动机上的固定方式可以分为单挂脚、双挂脚、抱持式3种。在将发电机安装于其支架上后,借发电机的调整臂将发电机的驱动皮带张力调整至适当的程度。发电机的紧固螺栓应拧得很牢固,防止螺母松动。紧固螺栓的直径必须与发动机曲轴皮带槽的中心对齐,过大的偏斜容易使皮带过早磨损,其偏斜度一般要求不超过1mm。

4)皮带松紧度检查

硅整流发电机一般用两根"V"形或单根多楔形皮带由发动机曲轴皮带轮带动旋转。

皮带过松易使发电机发电量减少,发动机冷却液温度过高;皮带过紧易使传动带早期疲劳损坏,加速水泵及发电机轴承磨损。检查时,应在发电机皮带轮和风扇传动带轮中间,用 30N ~ 50N 的力按下皮带,皮带挠度应为 10 ~ 15mm,如图 14-4 所示。

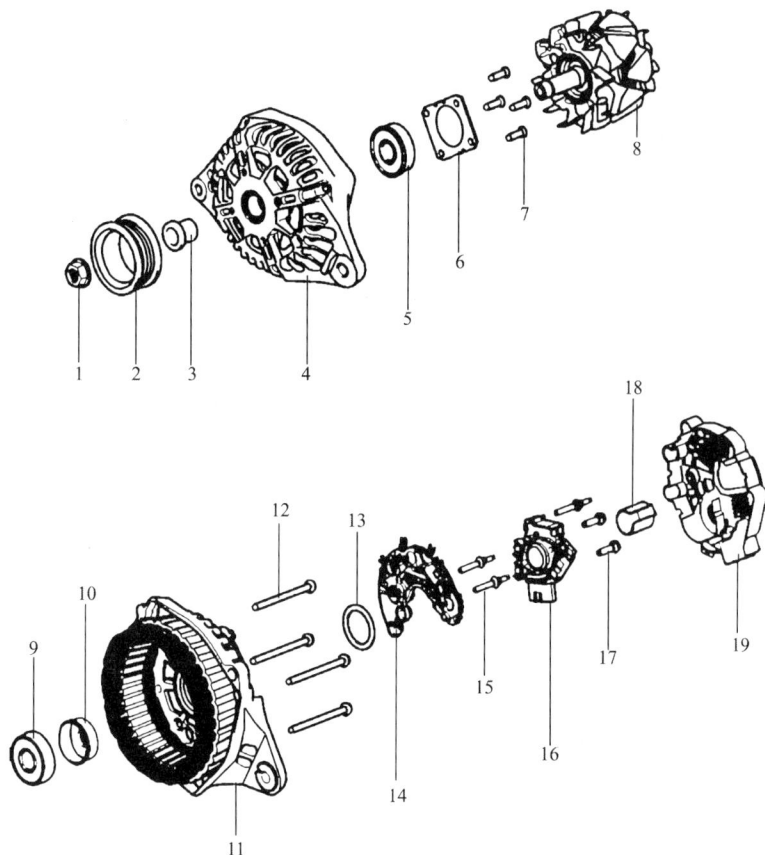

图 14-2　发电机结构组成图

1-螺母;2-皮带轮;3-隔圈;4-前端盖总成;5-前轴承;6-轴承盖;7-轴承盖螺栓;8-转子线圈;9-后轴承;10-轴承盖;11-定子总成;12-紧固螺栓;13-密封件;14-整流器总成;15-双头螺栓;16-电刷架总成;17-电刷支架螺栓;18-滑环导轨;19-后端盖

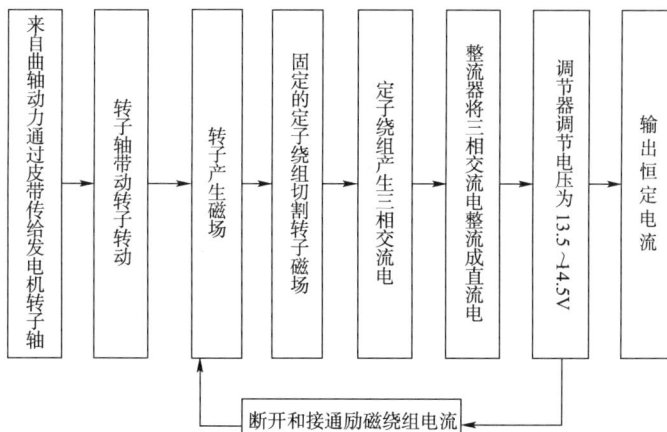

图 14-3　充电系统工作原理图

5）充电指示灯

充电指示灯是通过各种不同的控制电路指示各种充电状况,通过指示灯的亮或灭来断定充电是否正常,而防止不充电时汽车继续运转带来的蓄电池亏电或者电解液过度消耗等情况,如图 14-5 所示。

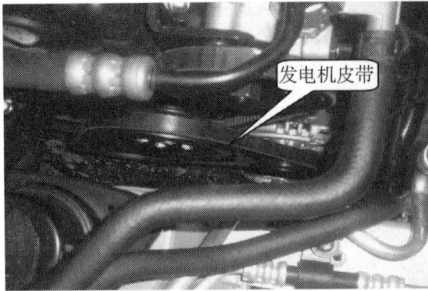

图 14-4　检查发电机皮带

图 14-5　充电指示灯

4. 威志轿车充电系统电路

威志轿车充电系统电路图,如图 14-6 所示。

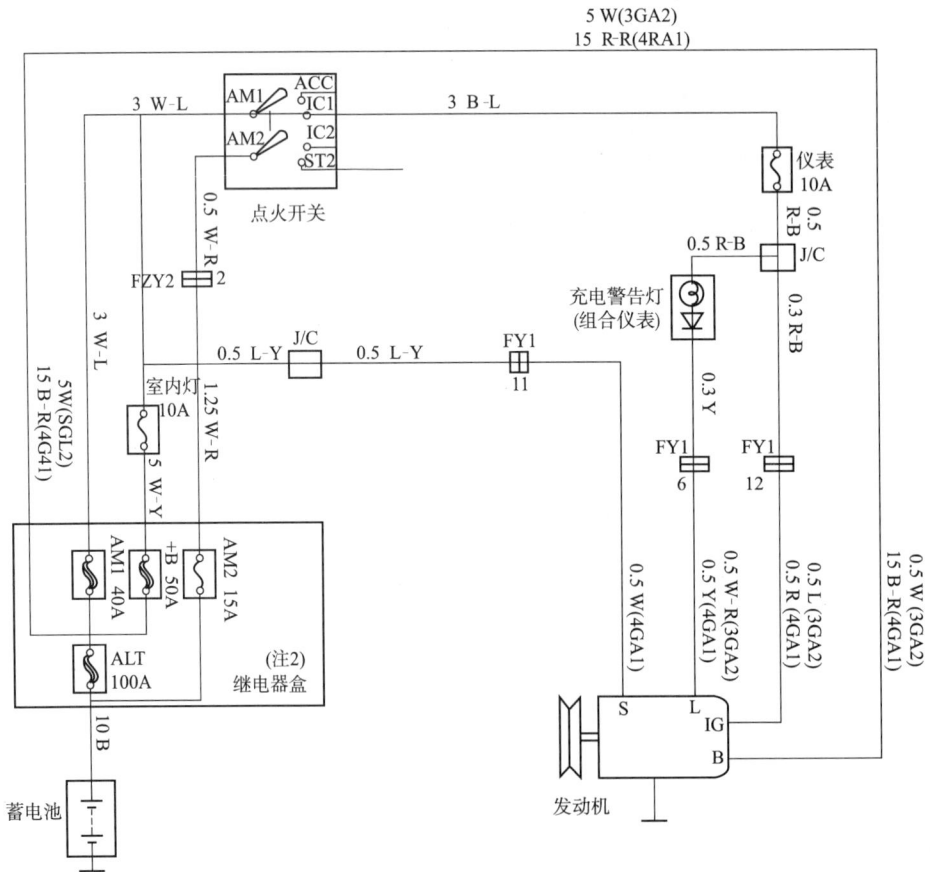

图 14-6　威志轿车充电系统电路图

5. 汽车充电系统的常见故障

在汽车使用过程中,一般会出现的电源系统的故障有不充电、充电电流过小、充电电流过大或充电不稳定等。汽车电器与电子系统故障诊断的一般程序和方法,如图 14-7 所示。

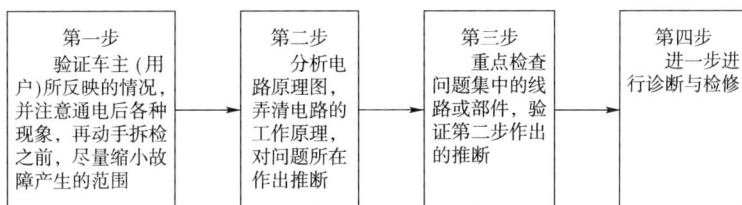

图 14-7　汽车电器与电子系统故障诊断的一般程序和方法

1)不充电的故障诊断

(1)故障现象。起动发动机,缓缓踩下加速踏板,至中速时,观察电流表或充电指标灯。若电流表指标放电、充电指标灯亮,说明供电系统不充电。

(2)故障原因:发电机故障;调节器故障;其他故障。

(3)不充电的故障诊断程序和方法,如图 14-8 所示。

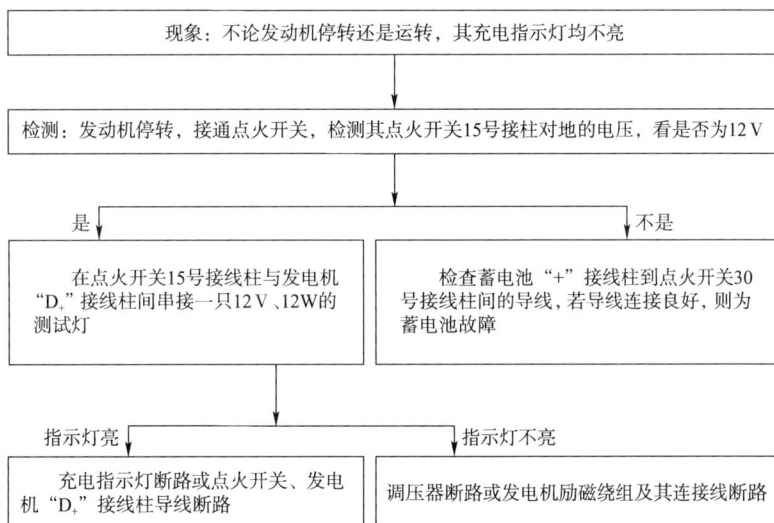

图 14-8　不充电的故障诊断程序和方法

2)充电电流过小(或不稳)

发动机起动时,一般需使用起动机 3 ~ 5s,发动机运转正常(中速)后发电机将以15A 电流给蓄电池充电,在 3 ~ 5min 内充电电流将递减至很小。此后充电电流很小或基本为零均属正常现象。如蓄电池经常充电不足,而充电电流又经常很小,则说明充电系统有故障。

(1)故障原因。发电机发电量不足的故障现象是用电量大时,输出电压降低,原因有:

①传动带打滑。

②电刷和滑环接触不良。

③整流器短路或断路。

④输出导线与发电机的连接接触不良或导线内阻增大,造成压降过大。

(2)故障诊断程序和方法,如图14-9所示。

```
┌─────────────────────────────────────────────────────────┐
│ 现象:不论发动机停转还是运转,充电指示灯均亮                │
└─────────────────────────────────────────────────────────┘
                            │
┌─────────────────────────────────────────────────────────┐
│ 检查:发电机风扇皮带的松紧度是否正常                        │
└─────────────────────────────────────────────────────────┘
              正常│                        │不正常
    ┌──────────────────────────┐    ┌──────────────────────┐
    │ 在发动机停转的条件下:拆下  │    │ 调整风扇皮带张力        │
    │ 电子调压器的插接器,观察    │    │                      │
    │ 充电指示灯                 │    │                      │
    └──────────────────────────┘    └──────────────────────┘
          亮│                              │灭
    ┌──────────────────────────┐    ┌──────────────────────────┐
    │ 接至调压器的导线搭铁        │    │ 插上调压器的插接器,在发    │
    │                          │    │ 电机"B₊"与"D₊"接柱间跨接   │
    │                          │    │ 一只电流表,测量其励磁电流  │
    │                          │    │ (一般为3A)                │
    └──────────────────────────┘    └──────────────────────────┘
   过小│          正常│                     │过大
┌──────────┐  ┌──────────────┐  ┌──────────────────────────┐
│ 调压器中有 │  │ 检查发电机整流 │  │ 发电机或调压器"D₊"接线柱    │
│ 断路处    │  │ 二极管         │  │ 上的导线搭铁,励磁绕组搭铁  │
│          │  │              │  │ 故障                      │
└──────────┘  └──────────────┘  └──────────────────────────┘
```

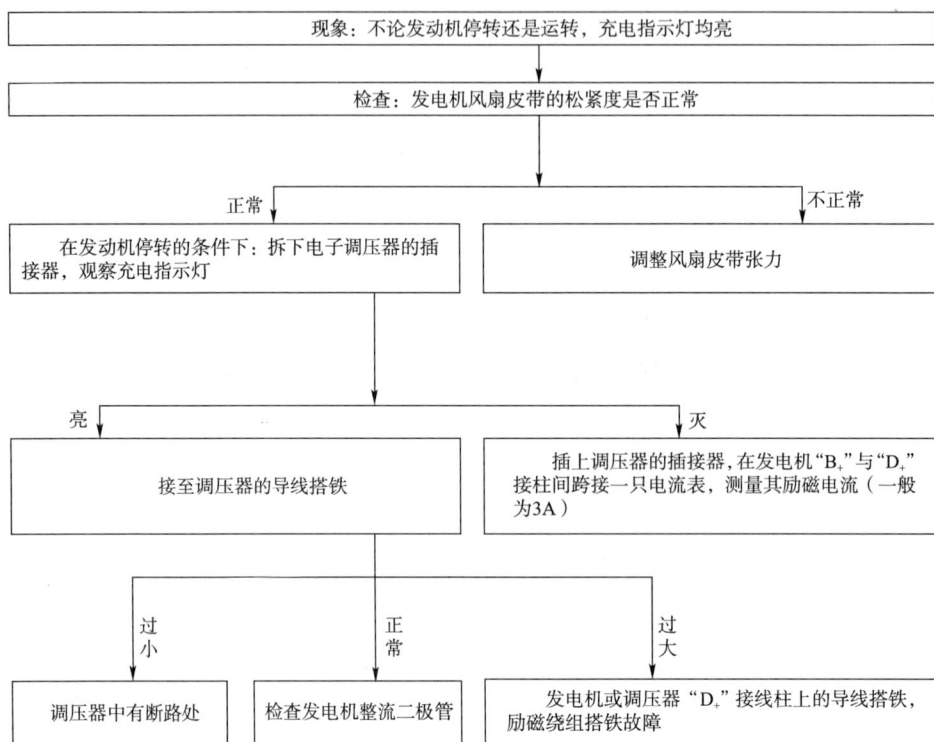

图14-9 充电电流过小(或不稳)的故障诊断程序和方法

3)充电电流过大

(1)故障现象。在蓄电池不亏电的情况下,电流表指示充电仍在10A以上。

(2)原因分析。

①调节器调节电压值高或有其他故障,如晶体管调节器的大功率三极管集电极和发射极不能有效截止等。

②发电机有故障,如绝缘电刷与散热板短接时,造成调节器不起作用。

4)充电不稳

(1)故障现象。发电机在怠速以上运转时,时而充电,时而不充电。

(2)故障原因。

①传动带打滑。

②充电系线路连接线接触不良。

③发电机转子或定子线圈有局部断路或短路故障;滑环脏污或电刷与滑环之间接

触不良。

（3）故障诊断方法，如图 14-10 所示。

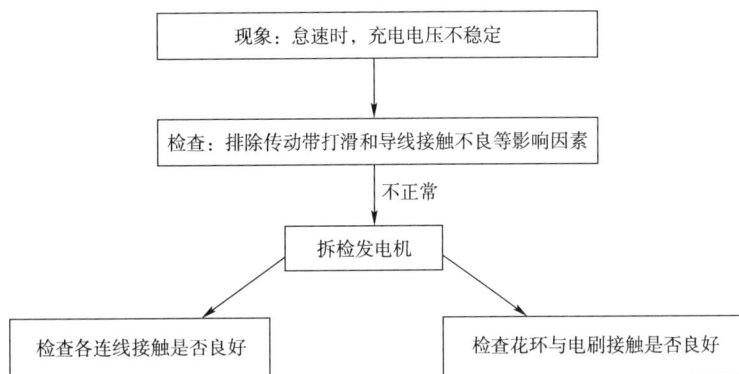

图 14-10　充电电流过大的故障诊断方法

5）发电机异响

发电机异响属于机械故障。其原因有发电机安装不当，连接松动；发电机轴承损坏；转子与定子相碰擦；二极管短路，断路，定子绕组断路等。故障处理方法可以通过细心观察，倾听响声所发出的部位，根据实际情况进行正确的判断，并及时加以排除，如图 14-11 所示。

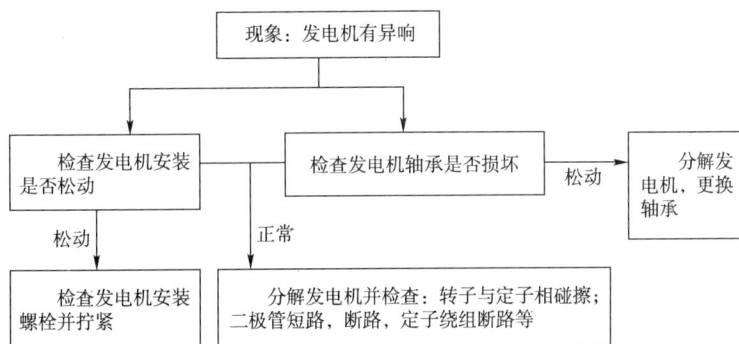

图 14-11　发电机异响故障诊断方法

三、任务准备（所需的工量具及材料）

（1）设备：威志轿车一辆。

（2）工量具：数字式万用表、世达工具一套。

（3）材料：清洁用纱布。

四、实施步骤

经组长诊断，怀疑车辆的故障原因是发电机，因此将发电机从车上拆下来，本次操作任务是对威志轿车发电机进行就车更换，检查充电系统，填写检查记录表。

1. 就车拆下发电机步骤(表 14-1)

发电机拆装步骤   表 14-1

(1)拆下蓄电池负极端子	(2)拆下发电机输出端导线
(3)松开发电机贯穿螺栓的螺母	(4)拧下调整螺栓和装配螺栓,拆下发电机皮带和发电机

2. 组装检验

按照拆卸发电机相反的顺序把修复好的发电机进行装复并检验。

(1)打开点火开关,观察仪表充电指示灯应能正常点亮,起动发动机后充电指示灯正常熄灭。

(2)用万用表检查蓄电池充电电压正常,充电电压为:13.5 ~ 14.5V。

五、任务检验

检查安装是否到位,是否遗漏部件。起动发动机,检查发电机充电系统是否正常。
清洁工具、场地。

六、项目评价

对本学习任务进行评价,学生技能考核表如表 14-2 所示。

技能考核评价表   表 14-2

班级：　　　　　　　组别：　　　　　　　姓名：

序号	考核内容	配分	评分标准	考核记录	扣分	得分
1	检查工具设备	5				
2	正确使用工具仪器	10	工具使用不当扣 10 分			
3	就车拆卸发电机	20	拆卸方法不正确扣 10 分			
			拆卸顺序不正确扣 10 分			
4	检查发电机	20	检查方法不正确 10 扣分			
			检测结果不正确扣 10 分			
5	就车安装发电机	20	安装方法不正确扣 10 分			
			发电机传动带张紧力调整不正确扣 10 分			

续上表

序号	考核内容	配分	评分标准	考核记录	扣分	得分
6	就车检测充电系统	10	检查方法不正确扣 10 分			
7	遵守安全规程,正确使用工量具,操作现场整洁	10	每项扣 2 分,扣完为止			
	安全用电,防火,无人身设备事故	5	因操作不当发生重大事故,此题按 0 分计			
8	分数总计					

参 考 文 献

［1］杜瑞丰.汽车底盘构造与维修［M］.北京:高等教育出版社,2007.

［2］朱军.汽车底盘常见维修项目实训教材［M］.北京:人民交通出版社,2009.

［3］汤定国.汽车发动机构造与维修［M］.北京:人民交通出版社,2011.

［4］高峰.汽车底盘构造与维修平装［M］.北京:机械工业出版社,2013.

［5］李晓 .汽车底盘构造与维修［M］.北京:人民邮电出版社,2010.

［6］杨艳芬.汽车底盘构造与维修［M］.北京:中国人民大学出版社,2011.

［7］陈建华.汽车发动机底盘构造及原理［M］.北京:北京理工大学出版社.